Collection
PROFI
dirigée par

Série
PROFI

Dom Juan (1665)

MOLIÈRE

**Résumé
Personnages
Thèmes**

CHRISTINE GÉRAY

HATIER

SOMMAIRE

1. Nous gardons l'orthographe d'origine de la pièce, *Dom Juan*, mais
chaque fois qu'il s'agit du personnage, nous écrivons Don Juan.

© HATIER, PARIS, JANVIER 1992   ISSN 0750-2516   ISBN 2-218-04719-5

HISTORIQUE
DE « DOM JUAN » DE MOLIÈRE

1665 15 février, première représentation de *Dom Juan ou le festin de pierre* de Molière, au théâtre du Palais-Royal. La pièce est vivement applaudie.

1665 17 février, deuxième représentation de *Dom Juan* de Molière ; la scène du Pauvre (acte III, scène 2) dans laquelle Don Juan incite un ermite à jurer pour gagner un louis d'or est presque entièrement supprimée : a-t-on conseillé ou imposé à Molière de ne pas choquer certains catholiques, « les dévots », par une scène qui était ressentie comme un blasphème ? Molière s'est-il autocensuré ? Les recettes de ce second spectacle confirment néanmoins le succès de la pièce.

1665 20 mars, après quinze représentations, l'affiche qui annonce *Dom Juan ou le festin de pierre* de Molière est retirée définitivement du théâtre du Palais-Royal : le roi a vraisemblablement demandé à Molière d'interrompre les représentations d'une pièce qui déplaît aux dévots.

1665 Avril, parution des *Observations sur une comédie de Molière intitulée « Le Festin de pierre*[1] » ; *Dom Juan* est violemment attaqué, la pièce est considérée comme un outrage au catholicisme, comme l'expression de l'athéisme de Molière ; les partisans du dramaturge ripostent.

1676 Représentation des *Fragments de Molière* par le comédien Champmeslé : il s'agit d'une petite pièce en deux actes qui s'inspire de *Dom Juan*. (Molière est mort le 17 février 1673, sans avoir rejoué sa pièce.)

1677 12 février, première représentation de *Dom Juan* de Thomas Corneille, une adaptation en vers du texte de Molière, largement expurgé.

1682 Première édition des œuvres complètes de Molière par Vinot et Lagrange. *Dom Juan* figure au tome 7 : le texte initial de 1665 est très mutilé.

1683	Édition du texte intégral (conforme à la création du spectacle en 1665) de *Dom Juan* de Molière à Amsterdam.
1694	Édition du texte intégral de *Dom Juan* de Molière à Bruxelles.
1699	Édition du texte intégral de *Dom Juan* de Molière à Berlin.
1819	Première édition en France du texte intégral de *Dom Juan* de Molière.
1841	17 novembre, représentation de *Dom Juan* de Molière conforme au spectacle du 15 février 1665, au théâtre de l'Odéon.
1847	15 janvier, *Dom Juan* de Molière entre au répertoire de la Comédie-Française.

---

1. Ce texte est signé B.A. Sr. D.R., avocat en parlement.

1 La légende de Don Juan et son entrée au théâtre

LES ORIGINES DE DON JUAN

Don Juan Tenorio était un seigneur espagnol du XVIᵉ siècle. Il enleva un jour la fille du Commandeur[1] Ulloa ; après avoir déshonoré la jeune fille, il l'abandonna, et par la suite, il tua le Commandeur Ulloa au cours d'un duel. Lors d'un voyage, Tenorio s'arrêta par hasard dans le couvent où se trouvait le tombeau du Commandeur. Pendant la nuit, un violent orage éclata ; on ne revit plus jamais Don Juan ; les moines déclarèrent qu'il avait été foudroyé. Le bruit courut qu'en réalité ils l'avaient assassiné. Ces différentes versions de la disparition de Don Juan rapportées par plusieurs récits lui donnèrent la dimension d'un personnage légendaire.

DON JUAN DANS LA PIÈCE DE TIRSO DE MOLINA

En 1624, le moine Tirso de Molina décide de porter à la scène les aventures du seigneur Tenorio sous le titre : *El Burlador de Sevilla y convivado de piedra*[2] : il conçoit Don Juan comme un séducteur sans scrupules qui imagine les stratagèmes les plus divers pour multiplier ses conquêtes amoureuses ; il va de ville en ville, accompagné de son valet Catalinon, personnage niais et ridicule. Pour tenter de séduire tour à tour une duchesse, une pêcheuse, une bergère, une jeune fille déjà fiancée, Don Juan,

---

1. Commandeur : chevalier d'un ordre militaire.
2. *El Burlador de Sevilla y convivado de piedra* : « Le Trompeur de Séville et le convive de pierre ». Par la suite, on a souvent remplacé « le convive de pierre » par « le festin de pierre » ; ce nouveau titre correspond, en fait, à une erreur de traduction.

selon les circonstances, se fait passer pour un autre, dissimule son identité, masque sa personnalité. Un jour, alors qu'il tente d'abuser de Doña Ana, Don Juan est surpris par le père de la jeune fille, le Commandeur Don Gonzalo ; les deux hommes se battent en duel et le Commandeur est tué. Au cours d'un voyage, Don Juan passe devant la statue du Commandeur et l'insulte ; la statue s'anime, parle : elle invite Don Juan à dîner. Le spectacle prend une dimension fantastique. La conception du repas est macabre ; on a prévu du vinaigre, des scorpions et du fiel présentés sur une nappe noire. Pour accueillir son hôte, « l'homme de pierre » lui serre la main : Don Juan ressent alors une douleur intense qui le brûle ; il réclame un confesseur, mais le repentir trop tardif du séducteur criminel n'est pas entendu : Don Juan est emporté par le fantôme de Don Gonzalo. Cette première version dramatique souligne l'inconstance et la fourberie du personnage. Don Juan n'est pas un athée mais un pécheur.

DON JUAN DANS LA COMMEDIA DELL'ARTE[1]

La pièce de Tirso de Molina inspire plusieurs auteurs italiens, en particulier Biancolelli : en 1658, il rédige une sorte de canevas des aventures de Don Juan sur lequel les acteurs vont improviser leurs dialogues et leurs gestes. Les éléments fantastiques de la pièce espagnole sont maintenus, mais les péripéties amoureuses de Don Juan prennent une dimension farcesque : elles sont source de propos grivois et de gestes obscènes interprétés par des personnages traditionnels de la Commedia dell'arte tels le Docteur, Pantalon et Brunetta, que Biancolelli fait intervenir dans la pièce ; Briguel, le valet de Don Juan, s'associe à leur jeu. Les comédiens italiens viennent jouer à Paris, et leur spectacle à la fois magnifique, fantastique et très drôle, enchante le public français du XVIIe siècle.

---

1. La Commedia dell'arte est une forme de théâtre improvisé qui fut apprécié en Italie dès le XVIe siècle ; dans chaque pièce, on faisait intervenir les mêmes personnages types : par exemple le Docteur et Pantalon représentaient les vieillards. Arlequin et Brighella (le valet de Don Juan s'appellera Briguel) sont des paysans mal dégrossis qui tiennent les rôles de valets : ils sont ridicules, mal adaptés à la vie citadine.

DON JUAN DANS LES TRAGI-COMÉDIES DE DORIMOND ET DE VILLIERS

Dorimond et Villiers sont deux dramaturges contemporains de Molière.

En 1658, Dorimond écrit *Le Festin de pierre ou l'Athée foudroyé*[1] ; dans cette pièce, Don Juan est un pervers, un homme sans scrupules ; sa quête d'aventures amoureuses est liée au désir de nuire. C'est également un fils odieux qui accueille la mort de son père avec indifférence. Le personnage de Dorimond n'est pas seulement un pécheur ; plus qu'un mauvais chrétien, c'est un athée. Pourtant, au dénouement, Don Juan éprouve une certaine crainte du châtiment divin, mais c'est une forme de provocation, une bravade ; il meurt foudroyé sans se repentir.

En 1659, Villiers met en scène *Le Festin de pierre ou le Fils criminel*. Le comportement amoureux de Don Juan est surtout marqué par l'esprit de conquête ; la cruauté du personnage se manifeste dans d'autres domaines : il fait mourir son père de chagrin et n'éprouve aucun remords. Il tue Don Pedre, le père de la jeune fille qu'il a tenté de violer, mais également Don Philippe, son fiancé. Le Don Juan de Villiers est un athée qui ne s'interroge jamais ; il affronte la mort, symbolisée par la statue fantôme du Commandeur, avec indifférence et froideur.

Les œuvres de Dorimond et de Villiers sont des pièces à grand spectacle : on utilise la machinerie[2] ; ce sont également des tragi-comédies : elles accordent une place importante aux aventures amoureuses de Don Juan ; la tension tragique créée par sa méchanceté, ses crimes et l'intervention du Commandeur, est rompue parfois par des instants comiques provoqués par l'attitude du valet de Don Juan ; la mort de Don Juan est ressentie comme un dénouement heureux : une punition bien méritée par un homme odieux.

---

1. Lire la note 2, p. 6.
2. Les différentes machines qui servent à produire l'illusion.

2 La création de Molière

SES INTENTIONS

Quelques mois avant d'entreprendre *Dom Juan*, dans le premier placet[1] sur *Tartuffe*, Molière écrivait : « Le devoir de la comédie étant de corriger les hommes en les divertissant, j'ai cru que dans l'emploi où je me trouvais je n'avais rien de mieux à faire que d'attaquer, par des peintures ridicules, les vices de mon siècle. »

Les modifications entreprises par Molière par rapport au *Festin de pierre* de ses contemporains visent très certainement à rajeunir le thème, en l'actualisant et en le nationalisant (la pièce de Villiers et celle de Dorimond, s'inspirent assez étroitement de la pièce de Tirso de Molina qui est espagnole et date du début du siècle). D'autre part, Molière tient à donner à son *Dom Juan* une certaine dimension comique dont il s'est fait une spécialité (Villiers et Dorimond avaient mis en scène des tragi-comédies ; et le *Don Giovanni* des Italiens devait plutôt ressembler à une grosse farce trop riche en arlequinades).

En fait, à travers le mythe de Don Juan, Molière a cherché à souligner, à ridiculiser, à attaquer certains vices caractéristiques de son époque.

SES PRÉOCCUPATIONS

Dans la chronologie des œuvres de Molière, il est important de constater que *Dom Juan* (1665) se situe après *Tartuffe* (1664) et avant *Le Misanthrope* (1666) déjà en cours de rédaction ; il semble que l'on ne s'avance pas trop en considérant *Tartuffe*, *Dom Juan* et *Le Misanthrope* comme une sorte de trilogie dans laquelle Molière laisse se refléter ses préoccupations morales, sociales et religieuses. L'hypocrisie, qu'elle apparaisse sous les formes de la fausse dévotion, du mensonge, de la fausse ami-

---

1. Placet : écrit adressé à un roi.

tié, de la diplomatie, de la courtisanerie ou de la sociabilité d'apparat, est traitée sous l'un ou l'autre de ces aspects dans les trois pièces. D'ailleurs, Molière « le sincère » n'était pas homme à s'accepter vaincu dans la querelle dramatico-religieuse à l'ordre du jour ; plus tard, Monsieur le Président de Lamoignon[1] ne lui fera-t-il pas remarquer :

« ... Je ne saurais vous permettre de jouer votre comédie. Je suis persuadé qu'elle est fort belle et fort instructive, mais il ne convient pas à des comédiens d'instruire les hommes sur ces matières de la morale chrétienne et de la religion : ce n'est pas au théâtre de se mêler de prêcher l'Évangile... »

Molière écrira, dans un placet adressé à Louis XIV : « Sire, il ne faut pas que je songe à faire des comédies si les Tartuffe ont l'avantage. »

■■■■■ SES MODIFICATIONS

Recherche d'intensité dramatique

Molière supprime certains personnages qui figurent dans les autres versions théâtrales de *Dom Juan* et dont le rôle pouvait sembler gratuit. Il conserve le thème du surnaturel mais lui donne un sens moral et religieux correspondant au climat du XVIIe siècle ; dans le cadre du dénouement, l'événement fantastique invite le spectateur à s'interroger sur la personnalité de Sganarelle et sur celle de Don Juan. Molière conserve, en revanche, les procédés « spectaculaires » : les brillants costumes, les sompteux décors, l'importance du mouvement et du changement, les échanges de vêtements et le déguisement. Le personnage de Don Juan a choisi une ligne de conduite amoureuse, mais elle appartient plus au passé qu'au présent ; Don Juan exprime sa théorie sur l'amour à l'acte I, scène 2 : il expose son art de « voler de victoires en victoires » comme un mode de vie, mais il n'a guère le temps de le mettre en pratique au cours de la pièce : quel est le poids d'une déclaration fortuite à deux paysannes ? Chez les autres dramaturges, Don Juan avait une certaine mentalité de « voyeur » : par surprise ou par

---

1. Lamoignon : premier président au parlement de Paris.

des stratagèmes (l'obscurité par exemple), il aimait se substituer aux amants légitimes, et maintenir les jeunes femmes dans leur méprise. Chez Molière, Don Juan recherche surtout l'obstacle, pour donner plus de piment à ses conquêtes. Surtout, le sentiment de révolte qui anime le personnage correspond ici davantage à un refus délibéré d'une société qu'il condamne.

De plus, Sganarelle, le compagnon de Don Juan solitaire, joue un nouveau rôle beaucoup plus humain qui dépasse ses fonctions de valet. Les autres dramaturges présentaient la mort de Don Juan comme une conséquence de son inconduite amoureuse : le Commandeur était le père d'une des victimes ; il était le témoin d'une scène de substitution amoureuse ; Don Juan le tuait ensuite en duel ; la statue du Commandeur exterminait finalement Don Juan pour avoir offensé « l'amour ». Si le personnage de Molière est puni par la mort, c'est surtout parce qu'il a défié Dieu ou, plus exactement, mis en cause la religion des hommes (Dorimond et Villiers soulignent la révolte de Don Juan contre son père, contre le conformisme, contre la crédulité ; Dieu passe au second plan). D'autre part, Molière a largement édulcoré certains éléments surnaturels, pour dégager l'intensité dramatique de l'acte final : dans la pièce de Tirso de Molina, le festin chez le Commandeur était composé de scorpions, de vipères, de vinaigre et de fiel, le tout sur une nappe noire. Molière préfère une seule étreinte (certes avec feu d'artifice) qui coûte la vie à Don Juan.

En conclusion, Molière s'inspire des autres dramaturges français qui ont, avant lui, mis en scène la légende de Don Juan Tenorio, parce qu'il accorde, comme eux, un soin particulier à la magnificence des costumes et des décors, et à certains effets baroques (voir p. 49). Sa pièce présente également des points communs avec le *Dom Juan* de la Commedia dell'arte[1], lorsqu'elle mêle aux éléments fantastiques de l'intrigue des éléments comiques proches de la farce. En revanche, la conception moins fantaisiste des personnages et la suppression de certains événements, donnent à la comédie de Molière une intensité dramatique que l'on ne trouve pas dans les autres pièces sur Don Juan.

---

1. Voir p. 7.

Actualisation des thèmes et des personnages

Molière, en revanche, fait preuve d'originalité en actualisant et en nationalisant le sujet de la pièce : le seigneur espagnol qui servit de modèle au protagoniste de Tirso de Molina, de Villiers et de Dorimond, devient chez Molière un gentilhomme libertin français sous le règne de Louis XIV ; les personnages qu'il côtoie ou qu'il rencontre symbolisent la classe sociale à laquelle ils appartiennent : la noblesse, la bourgeoisie, le peuple du XVIIe siècle sont ainsi représentés. Molière aborde également, sur le ton satirique, certains thèmes qu'il emprunte aux mœurs de son temps, aux problèmes idéologiques propres à son époque : la superstition se mêle souvent à la foi en matière de religion ; l'art de paraître l'emporte parfois sur la compétence dans l'exercice de la médecine ; les hypocrites, ceux qui savent feindre la vertu et la dévotion, peuvent jouir d'une considération absolue ; Molière invite ses contemporains à réfléchir à la question de la grâce posée par les jansénistes[1].

Création d'un mythe

Molière donne au personnage issu d'une légende espagnole une dimension humaine universelle ; il prend ainsi valeur de mythe[2]. *El Burlador de Sevilla* était un faiseur de bourles[3], un diseur de mensonges, un farceur, un trompeur ; certes, le libertin de Molière abuse d'autrui, mais il représente surtout l'homme qui aime la liberté et veut connaître l'ampleur du pouvoir humain. L'inconstance de Don Juan en amour est liée à son besoin de liberté ; et son refus de vénérer le Ciel[4] dont il met en cause le pouvoir est engendré par sa croyance en la puissance de l'homme.

---

1. Partisans de la doctrine de Jansénius, selon laquelle l'homme marqué par le péché originel ne peut résister à l'attrait du mal, s'il n'est pas assisté par la « grâce » de Dieu : cette forme de salut n'est pas accordée à tous (Don Juan n'est pas touché par la « grâce »).
2. Récit fabuleux qui met en scène des êtres incarnant sous une forme symbolique des forces de la nature ou des aspects de la condition humaine.
3. Mot archaïque, synonyme de tromperie, attrape.
4. Le « Ciel » ici désigne Dieu.

3 Le libertinage au XVIIᵉ siècle

Dès la Renaissance, les érudits s'étaient intéressés à l'Antiquité païenne et ils avaient remis en cause certaines données bibliques concernant la création du monde : ils préféraient le libre examen à la vérité imposée ; leur croyance s'appuyait sur les lois mathématiques ; ils suivaient les traces de Copernic[1] et de Galilée[2] : c'étaient des rationalistes. Parallèlement à leur position scientifique, ces érudits adhéraient à la philosophie matérialiste d'Épicure[3] : profiter de la vie, de l'instant présent, chercher individuellement le bonheur, refuser les entraves.

██████ QU'EST-CE QU'UN LIBERTIN ?

Selon Claude Dulong, dans *L'Amour au* XVIIᵉ *siècle*[4], « est qualifié de libertin, au XVIIᵉ siècle, tout homme qui pense librement, qui n'accepte point les idées reçues en matière de politique et de religion ».

Certains libertins étaient athées ; d'autres étaient déistes : ils ne niaient pas l'existence de Dieu, mais limitaient son rôle à celui d'« ordonnateur » ; Dieu était responsable de l'harmonie de l'univers et de la perfection de la nature humaine, mais il n'avait aucun pouvoir sur le destin des hommes. Les libertins pensaient que la vertu n'avait aucun rapport avec la morale chrétienne et que l'immortalité de l'âme était une illusion rassurante. Ils condamnaient également plusieurs aspects du culte qui, selon eux, relevaient de la superstition ; en revanche, ils s'intéres-

---

1. Copernic était un astronome du XVIᵉ siècle qui élabora la théorie des mouvements planétaires.
2. Galilée était mathématicien, physicien, astronome ; il établit en particulier la loi de la chute des corps ; il réalisa l'un des premiers microscopes. Ses recherches furent condamnées par l'Église qui les considérait nuisibles aux Écritures.
3. Épicure était un philosophe grec de l'Antiquité.
4. Voir la bibliographie, p. 75.

saient parfois aux sciences occultes, particulièrement à l'astrologie. En fait, sciences exactes et sciences occultes n'étaient pas clairement différenciées à l'époque.

Les libertins méprisaient le mariage en tant que sacrement mais également en tant qu'institution, selon eux abusive : au XVIIe siècle, jusqu'à l'âge de vingt-cinq ans, le consentement du père était exigé en pratique ; la publication des bans était imposée longtemps avant la cérémonie. D'autre part, le caractère indissoluble de cette union était inconciliable, selon eux, avec le tempérament humain naturellement inconstant.

Au XVIIe siècle, les curés étaient responsables des registres d'état civil de leur paroisse, et parfois ils n'accordaient pas à cette tâche tout le soin nécessaire. Ainsi, quelques libertins purent se marier à plusieurs reprises, soit parce que leurs mariages n'étaient pas enregistrés par négligence réelle du curé, soit parce qu'on s'était « arrangé » pour qu'il en fût ainsi.

Cette recherche de liberté fut bientôt renforcée par une attitude non conformiste à l'égard de la morale et de la société ; au début du XVIIe siècle, ce comportement était le propre d'une certaine jeunesse désignée par les jésuites comme « une centaine de vilains » ayant pour chef de file le poète Théophile de Viau[1].

Ce mouvement, motivé par un désir de réaction contre l'absolutisme religieux et politique, manqua néanmoins d'ampleur et d'organisation.

Quelques exemples de libertinage

On a sans doute utilisé le mot « libertinage » trop légèrement à l'époque, pour caractériser quelques scandales notoires mais sans lendemains. Peut-on considérer Charles de Sévigné comme un libertin, parce qu'il mena joyeuse vie en compagnie de Ninon de Lenclos[2], une certaine Semaine sainte[3] ? L'attitude du Grand Condé pourrait sembler plus scandaleuse encore : il aurait essayé de brûler un morceau de la vraie Croix assisté du

---

1. T. de Viau fut condamné par les ennemis des libertins, mais il a sa place dans la poésie française.
2. Belle, cultivée, volage, elle compte parmi ses amants des hommes célèbres.
3. Le jeûne et l'austérité sont de rigueur chez les catholiques pendant cette semaine qui précède Pâques.

médecin Bourdelot et de la Palatine. On parle aussi d'un certain Bussy-Rabutin qui, avec des amis, aurait déterré un squelette, pour le faire danser dans une église.

Évoquons encore Des Barreaux (auteur de poèmes obscènes ; certains libertins tentèrent de lancer un mouvement poétique au service de l'érotisme). L'anecdote suivante est peut-être intéressante à retenir : un jour, dans une auberge, pendant le carême, Des Barreaux et l'un de ses amis voulurent manger de la viande. On accepta seulement de leur servir des œufs au lard ; pendant qu'ils mangeaient, un violent orage éclata ; Des Barreaux ouvrit la fenêtre et, au milieu des fracas de l'orage, il jeta l'omelette en disant : « Voilà bien du bruit pour une méchante omelette au lard. » L'affaire eut un certain retentissement à l'époque ; elle fut sans doute connue de Molière qui fréquentait, à l'occasion, le cabaret de la Croix de Lorraine où Des Barreaux récitait ses poèmes.

Boileau y fait allusion dans une de ses satires :

> Du tonnerre dans l'air bravant les vains carreaux
> Et nous parlant de Dieu du ton de Des Barreaux.

Il écrira encore à son sujet :

> Et riant, hors de là, du sentiment commun,
> Prêche que trois sont trois et ne font jamais un.

Le prince de Conti représente enfin « le grand seigneur libertin » dont s'inspira peut-être Molière ; prince du sang et cinquième personnage du royaume après le roi, le Dauphin, Monsieur (frère du roi) et le prince de Condé, Conti avait mené pendant un certain temps une vie très dissolue (ancien chef de la Fronde[1], par la suite il avait été accusé d'inceste avec sa sœur, Mme de Longueville ; dans sa jeunesse, il avait protégé Molière et sa troupe). Il changea ensuite totalement d'attitude ; il épousa une nièce de Mazarin, se convertit, rejoignit le clan des dévots, et adopta leur comportement répressif vis-à-vis des gens de théâtre et de ses anciens compagnons de joyeuse vie. Il écrivit un traité de la comédie, et il n'hésita pas à faire

---

1. La Fronde désigne les troubles qui agitèrent la France sous la minorité de Louis XIV et le gouvernement de Mazarin ; les parlementaires et certains aristocrates mettaient en cause l'œuvre de Richelieu et la monarchie absolue.

enfermer son ancienne maîtresse dans un couvent. Le roi n'aimait pas Conti ; Molière avait de bonnes raisons d'en vouloir à son ancien protecteur.

■■■■ LA RÉPRESSION DU LIBERTINAGE

Il n'est pas étonnant que le clergé et les dévots aient condamné et persécuté les libertins. Louis XIV, quant à lui, n'aimait pas les libertins pour des raisons politiques : ils se marginalisaient, ils organisaient parfois des réunions clandestines ; leur attitude contestataire était incompatible avec le désir d'autorité et d'absolutisme du roi. Un acte de libertinage pouvait, selon la gravité, être sanctionné par la prison, l'exil, ou le bûcher.

En 1629, le clergé et les dévots avaient fondé la Compagnie du Saint-Sacrement. Cette association — qui fut dissoute en 1665 — groupait des laïcs et des ecclésiastiques ; certains grands noms : Bossuet, Vincent de Paul, le curé de Saint-Sulpice, le prince de Conti, Anne d'Autriche (mère de Louis XIV) figuraient parmi ses membres. Cette société pieuse était soutenue par le pape ; elle se voulait charitable, philanthropique, apostolique, moralisante. Pour accueillir les malheureux, on avait construit des hôpitaux généraux ; mais le programme de la Compagnie du Saint-Sacrement était en réalité aussi répressif que charitable :

> Recevoir les malheureux, les pestiférés, les galériens ; les paysans atteints de la pierre ou qui manquent de semences [...] ; réformer la toilette des Marseillaises qui montrent leurs seins (...) ; traquer les libraires libertins (...) ; poursuivre les juifs, les protestants, les illuminés[1]...

Louis XIV se méfiait de la puissance de la Compagnie du Saint-Sacrement, mais il dut composer parfois avec elle par respect pour sa mère qui en faisait partie, et parce qu'il devait ménager certaines personnalités de son royaume qui soutenaient cette association. Elle se comportait d'ailleurs comme une véritable cabale : une association se livrant à des complots ; on l'appelait la Cabale des dévots.

---

1. Extrait du texte rédigé par le duc de Ventadour, fondateur de la Compagnie du Saint-Sacrement.

4 Résumé

L'inconstant, le conquérant

Scène 1 : Gusman, écuyer d'Elvire, s'entretient avec Sganarelle, valet de Don Juan (Elvire avec sa suite est à la recherche de Don Juan, son mari). Gusman interroge Sganarelle : pourquoi cette fuite ? Sganarelle brosse un portrait de son maître (jeune encore et de haut rang) : c'est un « épouseur de toutes mains[1] » et nul terme ne semble suffisant pour caractériser l'ampleur de sa corruption ; de plus, Don Juan est totalement « mécréant », c'est un terrible maître et un « grand seigneur méchant homme ». Gusman se retire.

Scène 2 : Don Juan apparaît : il a reconnu Gusman, il confie à Sganarelle ses pensées et ses projets : Elvire ne l'intéresse plus, il songe à une autre femme ; en amour, il condamne la fidélité : elle est bonne pour « les ridicules ». En revanche, l'inconstance est un hommage à la beauté aux multiples visages : il faut l'honorer à chaque rencontre, tel est le culte de la femme ; toutes les belles ont ainsi le droit de nous charmer. Lui, Don Juan, a un tempérament conforme à cette loi naturelle : il est sensible à toutes formes de beauté ; de plus, l'infidélité n'est pas incompatible avec l'amour, indissociable du plaisir : tout son piment est dans le changement. Là encore,

---

1. Plusieurs allusions sont faites aux multiples mariages de Don Juan et l'on peut se demander s'il s'agit de simples liaisons amoureuses, ou du sacrement du mariage : l'annulation du mariage, lorsqu'il n'avait pas été consommé (et les subterfuges étaient nombreux pour prouver qu'il ne l'avait pas été), était un phénomène relativement fréquent dans les milieux de la noblesse ; le mariage clandestin offrait une autre possibilité de se marier à plusieurs reprises.

Don Juan a une nature de conquérant insatiable. Sganarelle invite son maître à s'expliquer sur son impiété ; le gentilhomme se dérobe : c'est une affaire entre le Ciel et lui. L'attrait de la remplaçante d'Elvire dans le cœur de Don Juan est enfin précisé : elle est fiancée ; l'obstacle attise le désir du libertin.

Scène 3 : Survient Elvire. Don Juan trahit son déplaisir à la voir. La jeune femme demande des explications ; Don Juan veut charger son valet de répondre à sa place ; Elvire reproche au gentilhomme sa grossièreté et sa maladresse. Don Juan riposte : il ne sait pas « feindre » la courtoisie ; il est parti pour fuir « son épouse » : il a été pris de repentir (ne l'a-t-il pas « enlevée » d'un couvent ?)... Elvire ulcérée prédit la malédiction du Ciel.

■■■■■ ACTE II

Le séducteur, l'homme traqué

Scène 1 : Pierrot, un jeune paysan, s'entretient avec Charlotte, sa promise ; il vient de sauver en mer un jeune seigneur : Don Juan (la barque prévue pour l'enlèvement de la jeune fiancée convoitée par Don Juan a fait naufrage) ; Charlotte s'intéresse à l'élégance du gentilhomme rescapé. Suit une scène de reproches : Pierrot se sent mal aimé...

Scène 2 : Nous assistons à un entretien entre Don Juan et Sganarelle ; le seigneur sauvé des eaux a déjà rencontré une jeune paysanne dont il envisage la conquête (il s'agit de Mathurine : nous la verrons dans la scène 4) ; Sganarelle reproche à son maître son ingratitude envers le Ciel : ne viennent-ils pas d'échapper tous deux à la mort ? Don Juan aperçoit Charlotte ; il la trouve belle, l'aborde, la complimente, lui demande de mettre en valeur ses charmes. Charlotte est fiancée... Don Juan la désire plus encore : il affirme la sincérité de ses sentiments et jure de l'épouser.

Scène 3 : Pierrot interrompt cette galante déclaration ; il revendique ses droits sur Charlotte ; Don Juan le frappe ; Charlotte, séduite et convaincue par les promesses du gentilhomme, se range de son côté. Pierrot s'en va.

Scène 4 : Survient Mathurine (Don Juan lui a également promis de l'épouser). Mathurine et Charlotte revendiquent chacune leurs droits de futures épouses ; Don Juan les persuade l'une et l'autre de l'exclusivité de sa parole par un stratagème de va-et-vient et un jeu d'aparté.

Scène 5 : La Ramée (un spadassin) vient avertir Don Juan : douze hommes à cheval le cherchent ; pour se protéger, le maître propose à Sganarelle un échange de vêtements.

■■■■ ACTE III

L'homme menacé

(Premier avertissement de la statue du Commandeur)

Scène 1 : Dans une forêt, nous trouvons maintenant Don Juan en habit de campagne et Sganarelle en médecin ; l'accoutrement du valet permet à Don Juan d'affirmer son mépris pour la médecine. Sganarelle interroge une nouvelle fois son maître sur ses croyances religieuses ; après maints détours, Don Juan prononce sa célèbre réplique : « Je crois que deux et deux sont quatre... et que quatre et quatre sont huit. »

Scène 2 : Les deux hommes se sont égarés ; un pauvre leur indique le chemin vers la ville. Don Juan le remercie mais le mendiant réclame l'aumône en évoquant le Ciel... Don Juan s'irrite : est-il logique de croire à la bonté de Dieu et de se trouver dans le besoin ? Don Juan propose un marché : le mendiant va-t-il accepter de jurer pour un louis d'or ? Le pauvre résiste[1] ;

---

1. Par crainte, ou par foi ? Le blasphème était un acte de libertinage sanctionné par la loi. À la première faute, une amende de cinquante livres et une peine de sept jours de prison étaient prévues pour les blasphémateurs convaincus par deux ou trois témoins (Don Juan veut précisément faire jurer le pauvre devant lui-même et Sganarelle). À la deuxième faute, le blasphémateur était condamné au carcan et à l'incision de la lèvre inférieure. À la troisième faute, on lui perçait la langue ; il était condamné à une amende, au bannissement et aux galères perpétuelles. La peine de mort venait ensuite.

Don Juan finalement lui jette la pièce puis il aperçoit un homme attaqué par trois autres...

Scène 3 : Le gentilhomme agressé est sauvé par Don Juan, et il lui manifeste sa reconnaissance, puis il se présente : Don Carlos ; il est à la recherche de l'indigne époux de sa sœur Elvire ; il a perdu son escorte. Don Juan, si directement concerné, se présente comme « l'ami » du mari infâme, et propose son aide à Don Carlos.

Scène 4 : Don Alonse, le second frère d'Elvire, interrompt l'élan de gratitude de Don Carlos, car il reconnaît le véritable Don Juan ici présent ; ce dernier admet son identité, puis met la main sur la garde de son épée. Une discussion s'engage entre les deux frères ; dans l'immédiat, Don Carlos se sent lié par la gratitude. Il se vengera plus tard en d'autres lieux.

Scène 5 : Sganarelle s'était caché pour éviter tout danger. Don Juan peste contre la poltronnerie, puis il évoque encore sa conception de la vie amoureuse sous le signe de l'attrait, de la liberté, de l'inconstance. Les deux hommes se rendent compte, soudain, qu'ils se trouvent devant le tombeau d'un certain Commandeur (tué autrefois en duel par Don Juan) ; ils s'approchent de la statue ; Don Juan ordonne à son valet d'inviter à souper l'homme de pierre ;
Sganarelle, superstitieux, pris de panique, s'exécute néanmoins ; la statue acquiesce par un signe de tête ; Don Juan irrité renouvelle lui-même son invitation : l'homme de pierre répond par le même mouvement. Don Juan s'éloigne sans commentaire.

■■■■■ ACTE IV

L'homme maudit

(La statue du Commandeur vient dîner chez Don Juan)

Scène 1 : Nous retrouvons Don Juan dans son appartement. Il s'entretient avec Sganarelle au sujet du Commandeur ; il suppose que le signe de tête de la statue a pour origine une illusion d'optique. Sganarelle évoque un avertissement du Ciel. Don Juan s'emporte, le menace de coups et réclame à souper.

Scène 2 : La Violette (laquais de Don Juan) vient annoncer la visite de Monsieur Dimanche, le créancier de Don Juan.

Scène 3 : Monsieur Dimanche voudrait réclamer l'argent qu'on lui doit ; pour l'empêcher de parler, Don Juan comble son créancier de civilités et le traite en ami ; l'autre s'en retourne ébahi, sans le moindre denier.

Scène 4 : Un autre visiteur se présente : Don Louis, le père de Don Juan ; il écrase son fils de reproches et le renie. Pour toute réponse, Don Juan invite son père à s'asseoir ; Don Louis le maudit au nom du Ciel.

Scène 5 : Don Juan souhaite la mort d'un tel père. Sganarelle enchaîne par une pirouette verbale, au service d'un bref instant comique.

Scène 6 : Ragotin (autre laquais de Don Juan) annonce l'arrivée d'une certaine dame voilée ; il s'agit d'Elvire ; elle a rejoint son cloître, elle est toute imprégnée de l'amour de Dieu ; le Ciel l'envoie pour sauver Don Juan. Elvire implore cet homme qu'elle a aimé d'une tendresse extrême : peut-il entendre l'appel de Dieu, recevoir sa grâce en acceptant cette offre de salut qui semble ultime ? Don Juan invite Elvire à passer la nuit sous son toit ; la jeune femme refuse et se retire.

Scène 7 : Don Juan déclare qu'il vient de trouver quelque charme à la nouvelle personnalité d'Elvire, mais il faut songer à souper, bonne occasion pour le gourmand Sganarelle de se livrer à quelque pitrerie ; quelqu'un frappe à la porte ; Sganarelle se lève pour ouvrir, puis il revient en imitant le signe de tête de la statue.

Scène 8 : La statue du Commandeur entre et vient se mettre à table ; Don Juan réclame à ses domestiques un couvert de plus, et ordonne à Sganarelle de boire et de chanter pour honorer son hôte ; Sganarelle manifeste sa panique ; la statue s'en va après avoir défié Don Juan : aura-t-il le courage de venir à son tour souper le lendemain ? Don Juan accepte : il ira avec Sganarelle.

L'homme damné

(La statue du Commandeur tue le libertin)

Scène 1 : Nous retrouvons Don Louis, dès le début de la scène. Il paraît comblé (Molière signale que Don Juan fait l'hypocrite) : le fils parle, en effet, de sa conversion, de ses remords. Le père est tout à sa joie ; il décide d'aller apporter l'heureuse nouvelle à la mère de Don Juan.

Scène 2 : Suit une conversation entre le valet et le maître. Sganarelle est heureux de voir son seigneur converti ; Don Juan lui enlève bien vite cette belle joie : sa conduite était feinte ; Sganarelle est très déçu ; dérouté, il évoque l'intervention de la statue « animée » ; Don Juan reconnaît qu'il y a là un phénomène qu'il ne comprend pas, mais c'est insuffisant pour le convaincre et l'émouvoir ; les bonnes résolutions qu'il vient d'afficher reflètent une attitude politique : il veut ménager un père dont il aura encore besoin. Sganarelle se laisse aller à son indignation, Don Juan énumère alors les multiples avantages de l'hypocrisie : c'est un vice à la mode et fort privilégié ; c'est une garantie de prestige social et de quiétude personnelle. Sganarelle est désarmé ; son émoi l'entraîne à un verbiage parodique sur le thème de la déduction.

Scène 3 : Don Carlos revient solliciter Don Juan pour qu'il rejoigne Elvire en époux ; Don Juan joue les dévots : Elvire a résolu sa retraite et lui, Don Juan, veut se consacrer à Dieu ; il n'est donc plus question de vivre comme mari et femme. Don Carlos ne se laisse pas convaincre par de tels arguments ; il rappelle la promesse d'une rencontre en duel ; Don Juan veut s'y dérober au nom du Ciel qui l'interdit. Don Carlos s'en va, décidé à maintenir sa vengeance par l'épée.

Scène 4 : Sganarelle aperçoit un spectre derrière Don Juan.

Scène 5 : Le spectre apparaît en femme voilée ; il prédit à Don Juan sa perte prochaine s'il refuse de se repentir immédiatement. Don Juan note l'audace de cette intervention dont il croit reconnaître la voix. Le spectre prend la figure du Temps ;

Sganarelle est pétrifié de terreur ; Don Juan veut vérifier la nature du spectre avec son épée ; le fantôme disparaît.

Scène 6 : La statue du Commandeur revient : « Arrêtez, Don Juan. [...] Donnez-moi la main. — La voilà. » Don Juan ressent une terrible douleur : un feu invisible l'exécute[1]. Sganarelle est figé d'effroi ; il réagit enfin : « l'homme méchant » est puni ; tout le monde est vengé ; lui seul est un valet malheureux ; il s'écrie : « Mes gages, mes gages, mes gages ! »

---

1. Les dernières paroles de Don Juan : « Ô Ciel ! que sens-je ? Un feu invisible me brûle, je n'en puis plus, et tout mon corps devient un brasier ardent. Ah ! »

5 Don Juan, le libertin

▬▬▬ DON JUAN ET L'AMOUR

Le plaisir de la conquête

Dès son entrée en scène, dans l'acte I, Don Juan aborde le thème de la conquête amoureuse : il vient d'abandonner Elvire pour un nouvel amour ; il décide ensuite qu'il est attiré par une autre jeune femme, parce qu'il y a obstacle : elle est fiancée et visiblement éprise de son amant : « Mon amour commença par la jalousie... le dépit alarma mes désirs. »

Dans la scène 2 de l'acte II, Don Juan rencontre Charlotte ; il la voit pour la première fois et la trouve jolie : « Sganarelle ? As-tu rien vu de plus joli [...] ? Il la courtise immédiatement avec audace, et souligne son intérêt pour toutes les marques de sa beauté : son visage, ses yeux, ses dents, ses lèvres. Au rythme de ses observations, il la complimente avec aplomb ; sa sincérité pourrait être mise en doute mais son pouvoir persuasif défie la réalité et l'évidence ; Charlotte fait remarquer qu'elle a les mains « noires comme je ne sais quoi » ; Don Juan va lui prouver que lui, les trouve les plus belles du monde : « Souffrez que je les baise, je vous prie. » Charlotte apprend à Don Juan qu'elle est fiancée ; l'obstacle attise les désirs du libertin : il propose le mariage pour mener à terme sa conquête du cœur, mais aussi pour évincer « l'autre[1] » : « Sachez que je n'ai point d'autre dessein que de vous épouser. » Avant la fin de la scène, Don Juan est pratiquement assuré des sentiments de la jeune fille, mais il lui faut une preuve définitive de sa victoire : il fait sa demande en mariage : « Ne voulez-vous pas consentir à être ma femme ? — Oui, pourvu que ma tante le veuille », répond la jeune fille.

---

1. Charlotte est la fiancée de Pierrot.

Survient Pierrot, le fiancé ; il veut s'interposer puisque Charlotte lui est promise : or elle se range du côté de Don Juan et lui fournit ainsi une preuve supplémentaire de sa victoire : la réussite est assurée, mais Don Juan s'exprime encore au futur : « Enfin je m'en vais être le plus heureux de tous les hommes [...] que de plaisirs quand vous serez ma femme... »

L'arrivée de Mathurine interrompt cette conversation ; précédemment, Don Juan avait fait allusion à la beauté des deux jeunes filles en découvrant Charlotte : « Celle-ci vaut bien l'autre. » Le personnage se trouve maintenant en présence des deux jolies filles, et le début de leur conversation nous apprend qu'il a entrepris la conquête de Mathurine juste avant la rencontre de Charlotte ; avec l'une et l'autre il en est au même point dans l'acheminement de son affaire : il leur a promis le mariage et elles sont toutes deux persuadées de la sincérité de ses intentions. À partir de là, Don Juan va s'efforcer de maintenir simultanément ses deux conquêtes à l'étape où il les a menées.

On pourrait considérer cet épisode avec les paysannes comme un jeu exclusivement spectaculaire et divertissant, sans lui accorder la moindre valeur psychologique ; dans ce cas, la théorie sur l'amour par laquelle Don Juan « se présente » au public aurait des résonances bien légères, sinon gratuites ; en effet, si nous négligeons la scène avec les paysannes, pour apprécier la tactique amoureuse de Don Juan, Elvire restera la seule femme de qualité que ce « spécialiste de la séduction » essayera de conquérir (dans la scène 6 de l'acte IV) ; or la tentative de conquête est à peine ébauchée : « Madame, il est tard, demeurez ici... Madame, vous me ferez plaisir de demeurer, je vous assure. » Don Juan dira ensuite à Sganarelle qu'il a trouvé « de l'agrément dans cette nouveauté bizarre » ; il ne fait pas allusion au comportement mystique d'Elvire, mais à son habit négligé, à son air languissant, à ses larmes.

Amour et obstacle

Si l'on fait un bilan de la vie amoureuse de Don Juan, on constate qu'il est séduit quatre fois en deux jours : la fiancée évoquée dans l'acte I, Mathurine, Charlotte, Elvire à l'acte IV ; l'attrait féminin est lié à la beauté exclusivement physique et à la nouveauté ; il faut un obstacle pour attiser son désir ; il n'est jamais tenté de séduire une femme qui s'offre à lui. Son intérêt amoureux est lié au besoin d'enlèvement : il a sorti Elvire d'un couvent. Lorsqu'elle vient à lui dans l'acte I, elle lui déplaît. Dans la scène 6 de l'acte IV, Elvire parle au passé de sa passion pour Don Juan ; elle l'aime maintenant d'une tendresse toute sainte, c'est-à-dire qu'elle aime Dieu à travers l'être humain, selon les règles du christianisme[1] ; la démarche n'est pas celle d'une amante, mais celle d'un apôtre. La foi d'Elvire est une sorte d'obstacle, et un court instant, Don Juan éprouve alors un désir de conquête puisqu'Elvire appartient à Dieu.

Ainsi, parmi les femmes que convoite Don Juan, seule Mathurine ne semble pas retenue par quelque lien : en fait, elle appartient à un milieu social qui la sépare de Don Juan et cela forme un obstacle suffisant pour éveiller le besoin de conquête du libertin.

En définitive, Don Juan n'épouse aucune des jeunes femmes qu'il rencontre, car au niveau des faits, et au-delà des règles de bienséance dramatique, la pièce de Molière est bien autre chose que l'histoire « d'un épouseur à toutes mains » (acte I, scène I).

Une conception originale de l'amour

Dès l'acte I, scène 2, Don Juan expose ses principes sur l'amour et sur son propre comportement amoureux ; car il s'agit bien d'une théorie mûrement réfléchie qui frappe par son unité et sa progression logique ; Don Juan expose sa conception de l'amour comme une sorte « d'art de vivre » qu'il a choisi, pour se libérer des contraintes asphyxiantes de la fidélité, et s'épanouir « en volant de victoire en victoire » ; ce choix correspond néanmoins à son tempérament : « J'ai une pente naturelle à me laisser aller à tout ce qui m'attire. »

À partir de là, pour Don Juan, l'amour est lié aux notions de beauté et de diversité ; c'est une activité permanente faite de conquêtes qui s'enchaînent ; c'est une façon de vivre qui s'appuie sur la liberté et le changement. Don Juan souligne le caractère philosophique de son attitude, en s'exprimant souvent à la

---

1. Selon ces règles, l'amour de Dieu commence par l'amour du prochain : « Aimez-vous les uns les autres. »

troisième personne (il emploie l'indéfini : « on ») ; une telle conduite pourrait sembler enrichissante ; elle exclut toute passivité, l'esprit de conquête étant maintenu par son renouvellement dans l'action.

Don Juan insiste beaucoup sur sa mentalité de conquérant ; toute la seconde partie de son discours s'appuie sur des thèmes empruntés à la stratégie et au combat. Don Juan est sans doute capable de séduire par sa seule présence : sa personnalité, son charme, son élégance constituent certainement des attraits suffisants (la seule description de Pierrot à l'acte II, scène 1, fait déjà rêver Charlotte ; verrait-elle Don Juan au loin, qu'elle en tomberait amoureuse sans qu'il eût besoin de lui parler). Molière ne l'a pas voulu ainsi, un tel personnage perdrait toute dimension héroïque ; nous sommes en présence d'un homme qui gagne les cœurs par étapes : telle est sa jouissance et son art de vivre. « On goûte une douceur extrême à réduire par cent hommages le cœur d'une jeune beauté, à voir de jour en jour les petits progrès qu'on y fait... » (acte I, scène 2). Et Don Juan a besoin de constater ses progrès ; il lui faut « des preuves » ; ainsi le mariage est le signe de sa victoire définitive.

■■■■■■■ DON JUAN ET LE CIEL

Est-il athée ou sceptique ?

Sur le plan religieux, Don Juan est avant tout un personnage qui cherche, qui hésite, se dérobe, s'interroge. Il se met en colère lorsqu'on fait allusion au Ciel car il ne sait que répondre. La plupart de ses répliques laissent paraître cette indécision, voire un certain embarras ; lorsqu'il s'agit de Dieu ou du Ciel, Don Juan s'exprime par des exclamations, des phrases non terminées, des silences, des termes approximatifs. Par exemple, dans l'acte III, scène 1, lorsque Sganarelle l'interroge : « Est-il possible que vous ne croyiez point du tout au Ciel ? » Don Juan se dérobe :

« Laissons cela [...] Oui, oui [...] Ah ! ah ! ah ! [...] La peste soit du fat ! »

Don Juan est au fond incapable d'idéalisme et de rêve ; il évolue dans un monde qui s'impose à lui, par ses dimensions sensorielles et logiques. Plus tard, lorsqu'un certain « au-delà » se manifestera par l'intermédiaire de la statue, Don Juan hésitera encore, faute de preuve suffisante : « Il y a bien quelque chose là-dedans que je ne comprend pas ; quoi que ce puisse être, cela n'est pas capable ni de convaincre mon esprit, ni d'ébranler mon âme » (acte V, scène 2).

Lorsqu'apparaît le spectre, Don Juan veut constater « sa réalité » : « Je veux éprouver avec mon épée si c'est un corps ou un esprit » (acte V, scène 5). Et Don Juan ira ainsi résolument jusqu'à la mort pour trouver la preuve de l'existence de Dieu ou de son inexistence.

Une âme de conquérant

En fait, en religion comme en amour, Don Juan a une mentalité de conquérant : il prospecte, passe à l'action (il répond à l'invitation de la statue), souhaite avancer dans son entreprise, aime constater ses progrès, conteste tout ce qui n'est pas vérifiable par la logique ou la sensation.

Cette âme de conquérant se retrouve également dans ce besoin d'aller jusqu'au bout de son entreprise : la « rencontre » avec le Commandeur se fait par étapes : découverte de la statue dont le visage s'anime à deux reprises ; mobilité de cette statue qui vient dîner chez Don Juan, parle, repart, est peut-être complice du comportement d'autres visiteurs (voir la femme voilée, le spectre), tend la main à Don Juan et le tue. Don Juan est vaincu, mais il n'a pas capitulé avant de savoir qui était le Commandeur, quel était son pouvoir.

Le goût
de la provocation et du défi

Pourtant, dans cette recherche de preuve et ce désir de conquête dont l'existence de Dieu est l'enjeu, Don Juan n'est pas plus grand vainqueur qu'en amour[1] ; il constate finalement la preuve de l'existence de Dieu, et surtout son pouvoir, au moment de sa propre mort (victoire et défaite simultanées et paradoxales du conquérant : Don Juan va jusqu'au bout de son

---

1. Il fait naufrage, lorsqu'il part à la conquête de la jeune fiancée qu'il convoite. Il n'épouse ni Charlotte ni Mathurine. Dans la scène 6 de l'acte IV, Elvire s'en va alors qu'il la prie de rester.

entreprise ; il est apte à saisir la preuve qu'il recherchait au moment de son ultime douleur, mais « il perd » la vie).

En réalité, Don Juan cherche à se mesurer avec le Ciel avec cette mentalité de joueur propre à son tempérament : il provoque, défie, prend des risques, évalue l'obstacle : l'essentiel est de poursuivre le jeu jusqu'au bout, quitte à tout perdre ou à tout gagner ; ainsi Don Juan provoque le Commandeur en l'invitant à souper ; lorsque la statue se rend chez lui, il continue à la défier et à prendre certains risques : il commande un couvert de plus, fait chanter Sganarelle ; le Commandeur l'invite à son tour : Don Juan accepte et « il ira » : geste du joueur provoqué qui riposte ; certes, au terme du jeu, le Commandeur prendra le premier l'initiative de tendre la main à Don Juan ; mais il ne la saisit pas lui-même (il y a provocation, il n'y a pas obligation ; les deux personnages s'affrontent, la partie est égale jusqu'au bout). Don Juan riposte : il place résolument sa main dans celle du Commandeur ; le « jeu » se termine par la mort de Don Juan. Finalement, l'homme joue avec le Ciel la partie la plus intéressante de sa vie : il trouve sans doute pour la première fois un partenaire vraiment à sa hauteur ; ainsi la mentalité du joueur et celle du conquérant se confondent souvent. On ne sait pas si le libertin Don Juan est un athée, un mécréant, ou un maudit. Dieu existe sans doute, mais quel est son pouvoir sur les hommes, et plus précisément, quelle est son aptitude à le dominer, lui, Don Juan ? La mobilité de la statue n'est-elle pas déjà la preuve d'une certaine existence ? Lorsqu'elle vient souper, elle manifeste déjà son pouvoir d'action ; lorsqu'elle prend la main de Don Juan, elle le maîtrise, elle le domine ; telle est la preuve et la solution que cherchait l'homme pour résoudre son problème : Dieu est-il capable d'agir, est-il maître du destin de l'humanité ?

■■■ DON JUAN ET LES AUTRES

Le non-conformisme social et moral qui caractérise les libertins est renforcé chez Don Juan par un égoïsme extrême et le besoin permanent de défier ou de mépriser autrui.

En effet, si l'on isole le Commandeur, le seul personnage que Don Juan rencontre vraiment « face à face », les autres se rejoignent par le manque de considération absolu que leur accorde Don Juan. Si *Dom Juan* est l'histoire « d'un grand seigneur méchant homme », on pourrait dire que toute sa méchanceté consiste à se faire toujours passer avant les autres : sa perfidie est liée à son égoïsme sans limites (l'intrigue de *Dom Juan* évolue au rythme d'une série de rencontres ; Don Juan et Sganarelle sont pratiquement omniprésents dans la pièce ; les autres ne font que passer, pour permettre à Don Juan de manifester son égoïsme).

Comment il s'en amuse

Pour se divertir, pour combler peut-être une certaine forme de désœuvrement, Don Juan aime inventer des jeux, des ruses qui ridiculisent les autres ; telle est son attitude avec Charlotte et Mathurine, puis avec le Pauvre.

● **Charlotte et Mathurine** (acte II, scène 4)

A quelques minutes d'intervalle (voir le début de l'acte II, scène 2), Don Juan promet le mariage à Mathurine, puis à Charlotte ; peut-être est-il sincèrement séduit au moment de sa déclaration. N'a-t-il pas dit à l'acte I, scène 2 : « La beauté me ravit partout où je la trouve. » En revanche, lorsqu'à l'acte II, scène 4, Mathurine interrompt la scène d'amour entre Charlotte et Don Juan : « Monsieur, que faites-vous là avec Charlotte ? Est-ce que vous lui parlez d'amour aussi ? » Le libertin imagine un stratagème théâtral pour se moquer des deux jeunes filles et transformer en scène de comédie une situation embarrassante pour lui : il leur tient tout bas, à tour de rôle, le même langage, pour maintenir leur illusion et éviter une querelle. Don Juan se rit de la crédulité des paysannes.

● **Le Pauvre** (acte III, scène 2)

Don Juan rencontre un pauvre et lui demande son chemin ; l'homme indique la route à suivre, et Don Juan le remercie fort civilement ; le pauvre réclame alors l'aumône, et ce geste exaspère Don Juan, car en échange l'homme promet de prier le Ciel ; or, Don Juan ne peut supporter l'illogisme : comment ce mendiant peut-il croire en la bonté de Dieu et accepter qu'il le laisse dans un tel dénuement ? Mais Don Juan n'a nullement envie de poursuivre une conversation philosophique avec ce pauvre hère ; très vite, il profite de la situation pour s'amuser, en passant, ne serait-ce qu'un instant ; Don Juan a un peu cette mentalité des badauds quêtant le jeu au rythme des heures, de leurs rencontres, de leurs loisirs, de leurs déplacements : ils ont le goût de la mise, de l'enjeu, du pari avec n'importe qui, à propos de n'importe quoi, et ils abordent avec le même esprit les broutilles et le gros butin : l'essentiel étant de risquer, de parier.

En quoi consiste donc ce jeu du louis d'or ?

Au niveau des faits, le terme n'est pas utilisé par Molière mais toute l'attitude de Don Juan signifie bien : « je parie » que je vais te faire jurer pour un louis d'or ; éventuellement, il fait miroiter la pièce, la lance, la tend, la retire, la remet dans sa bourse et la ressort. Patrice Chéreau[1] a fort bien éclairé ce jeu du louis d'or, dans sa mise en scène : Don Juan, qu'il campe en aventurier de grand chemin, hante les routes avec pour tout bagage une charrette à bras que tire Sganarelle. Lorsqu'il rencontre le Pauvre : petit, maigre et tassé, il le juche sur la charrette, et là commence le jeu : tout en « appâtant » le mendiant avec la pièce, on le fait monter et descendre en manipulant la charrette comme une balançoire.

Don Juan perd-il vraiment la partie, ou décide-t-il de s'arrêter de jouer ? Peu importe, car ce genre de pari n'a peut-être pas plus d'importance pour lui que n'en aurait aujourd'hui une partie de dés pour le badaud, au bistrot du coin... Et Don Juan jette sa pièce « pour l'amour de l'humanité » : parole désinvolte qui accompagne le geste du joueur lorsqu'il a décidé qu'il est l'heure de rentrer (est-ce une certaine façon de dire : « Au fait, combien je te dois ? ») — Parole grave et profonde qui symbolise la philosophie du libertin qui n'est pas philanthrope mais nie Dieu dans la mesure où il croit à la puissance de l'homme ? — Parole qui précise la portée du geste : Don Juan soulignerait alors qu'il ne donne pas ce louis par charité, confondant l'amour de Dieu et du prochain, mais au nom de « l'Humanité » absolue et toute-puissante par elle-même : ce culte de l'Humanité s'oppose alors textuellement au culte de Dieu, à l'amour d'autrui.

Mais le jeu du louis d'or peut être aussi motivé par des intentions libertines d'une extrême cruauté[2].

---

1. Metteur en scène et réalisateur contemporain qui a interprété *Dom Juan* de Molière d'une façon très audacieuse (voir p. 69).
2. Lire la note 1, p. 19.

Comment il s'en débarrasse

Nous avons rassemblé ici Elvire (acte I, scène 3), Monsieur Dimanche (acte IV, scène 3), Don Louis (acte IV, scène 4) et Pierrot (acte II, scène 3).

Certes, tous ces personnages n'importunent pas Don Juan au même degré ; certains ont une double fonction : voir Elvire dans « Don Juan et l'amour » (p. 24), Don Louis dans « comment il les utilise » (p. 34).

● **Pierrot** (acte II, scène 3)

Il ne fait que passer lorsque Don Juan courtise Charlotte (certes Don Juan l'a également utilisé en situation de naufrage, mais l'épisode s'est déroulé dans les coulisses[1]).

Don Juan se débarrasse très rudement de Pierrot : il le pousse et le frappe ; cela semble de prime abord le comble de l'ingratitude : aspect de la cruauté et du mépris de la classe des seigneurs, l'attitude de Don Juan n'est certes pas dépourvue de méchanceté, mais il faut également observer que Pierrot importune Don Juan au moment où la conquête de Charlotte prend un caractère intime :

(Don Juan s'adressant à Charlotte)

> Et souffrez que par mille baisers...

Pierrot s'interpose alors et bouscule « le premier » Don Juan : celui-ci riposte avec une rudesse de plus en plus agressive, mais n'est-ce pas lui, Don Juan, l'élu du cœur de Charlotte ? Pierrot réclame des droits que Charlotte ne lui a jamais accordés (voir la scène précédente) : il se voudrait amant, il n'est qu'un importun et Don Juan le traite comme tel.

● **Monsieur Dimanche** (acte IV, scène 3)

Au moment où Don Juan va s'installer pour souper, Monsieur Dimanche, son créancier, vient lui réclamer de l'argent. Don Juan désire se débarrasser de lui au plus vite sans le rembourser, tout en ménageant un homme dont il aura encore besoin. Molière grossit les procédés qui traduisent les intentions de Don Juan, car il tient à situer la scène dans un contexte comique : il conditionne ainsi la sensibilité du spectateur avant l'arrivée de la statue. La courtoisie de Don Juan pour ménager Monsieur Dimanche, son audace pour ne pas le rembourser, le

---

1. Dans l'acte II, scène 1, Pierrot raconte à Charlotte comment il a sauvé Don Juan dont le bateau a fait naufrage.

rythme précipité de son élocution pour le mettre à la porte au plus vite et l'empêcher de réclamer son dû, sont essentiellement au service du comique. En revanche, les détails observés par Don Juan lorsqu'il est allé chez Monsieur Dimanche sont révélateurs : ou bien il est allé souvent chez Monsieur Dimanche pour lui emprunter de l'argent, et il ne peut ignorer aucun détail concernant la famille de son créancier ; ou bien Don Juan est particulièrement prévoyant : lorsqu'il va chez un homme dont il aura besoin, il prend la peine d'observer et de retenir tout détail pouvant lui être utile.

● **Elvire** (acte I, scène 3)

Don Juan aperçoit Elvire ; la tenue de la jeune femme annonce son désarroi, et Don Juan la trouve, en l'occurrence, déplacée (peut-être inesthétique, et peu séduisante à son goût) ; le regard de l'époux reflète un certain déplaisir, et traduit certainement l'absence de toute émotion ; Elvire ne s'y trompe pas : « Le coup d'œil qui m'a reçue m'apprend bien plus de choses que je ne voudrais en savoir... » Et Don Juan « se débarrassera » d'Elvire d'une façon ignoble et très cruelle : il la reçoit en présence de son valet, demande au valet d'intervenir dans la conversation qui devrait être intime, n'adresse pas à Elvire la moindre excuse et ne se reconnaît aucun tort ; certains reproches justifiés se mêlent au désarroi de la jeune femme. Don Juan riposte par des effets de mots et des artifices de phrases.

Non content d'avoir humilié la jeune femme et de la laisser tout à son chagrin et à sa déception, sans qu'il soit question du moindre délai, du moindre espoir, Don Juan l'expose au remords : elle venait lui demander des comptes à lui, Don Juan ; elle-même n'a-t-elle pas de comptes à rendre à Dieu ? Finalement, Don Juan se débarrasse d'Elvire avec une telle cruauté pour quatre raisons :

— il a terminé sa conquête et sa passion pour elle est complètement éteinte ;

— elle appartient au passé, et seul le présent intéresse Don Juan ;

— il a un autre amour en tête ;

— Elvire lui demande des comptes, l'interroge, le juge...

(Don Juan permet cette attitude au seul Sganarelle, et à condition de l'y inviter lui-même.)

Elvire reproche enfin à Don Juan de ne pas savoir « feindre en homme de cour ».

● **Don Louis** (acte IV, scènes 4 et 5)

Le renvoi de Don Louis se traduit par des répliques suffisamment lourdes de mépris pour qu'elles se passent de commentaire :

> DON LOUIS. — Apprenez... qu'un gentilhomme qui vit mal est un monstre dans la nature...
> DON JUAN. — Monsieur, si vous étiez assis, vous en seriez mieux pour parler.
> *(Scène 5)* DON JUAN. — Eh ! mourez le plus tôt que vous pourrez, c'est le mieux que vous puissiez faire...
> *(certes, Don Louis est déjà sorti et ne peut rien entendre).*

En réalité, Don Louis est l'opposé de Don Juan ; il n'y a pas la moindre affinité entre les deux hommes ; le père ne le fait-il pas remarquer lui-même : « Nous nous incommodons étrangement l'un l'autre... »

Don Louis importune Don Juan par sa seule existence : le fils ne supporte pas plus la présence que les reproches du père ; l'incompatibilité est totale.

Comment il les utilise

Nous avons groupé dans cette catégorie Don Carlos (acte III, scène 4) et Don Louis (acte V, scène 1). Nous accordons une place particulière à Sganarelle dans le chapitre « Le couple Don Juan-Sganarelle », p. 36.

● **Don Carlos** (acte III, scène 4)

De prime abord, il peut sembler paradoxal de ranger Don Carlos parmi les personnages qu'utilise Don Juan : n'est-ce pas le seul auquel il porte spontanément secours ? La rencontre avec Don Juan illustre l'unique instant où celui-ci oublie sa conduite égoïste et ses principes libertins, pour agir instinctivement au nom d'une certaine générosité ? d'une certaine morale ? d'un certain honneur ? d'un certain oubli de soi ?... Don Juan se comporte-t-il spontanément comme un aristocrate ? : « Un homme attaqué par trois autres ? La partie est trop inégale, et je ne dois pas souffrir cette lâcheté. »

C'est apparemment un bel acte de courage et de générosité, mais c'est peut-être aussi le reflet d'un geste habituel :

Don Juan a le goût du risque, du jeu, de la conquête ; il aime vaincre l'obstacle et n'hésite pas, sans doute, à manier l'épée.

Ce beau mouvement dure une minute à peine dans la pièce ; la conversation qui va suivre remet immédiatement Don Juan à sa place : sous le signe de l'égoïsme et de l'amour de soi. Don Juan apprend que Don Carlos est à la poursuite de l'indigne époux de sa sœur Elvire ; le protagoniste pourrait immédiatement se débarrasser de son poursuivant : son épée est à peine rengainée et Sganarelle serait le seul témoin. Don Juan préfère « utiliser » Don Carlos ; il le ménage également par habileté : il se renseigne sur ce qui peut lui arriver, et renforce dans le cœur de Don Carlos ce sentiment de reconnaissance, d'admiration et de respect qu'a éveillé son intervention.

● **Don Louis** (acte V, scène 1)

Dans la première scène de l'acte V, Don Juan, en présence de son père, paraît métamorphosé : le libertin est devenu un pécheur repenti qui croit à la bonté de Dieu. Après s'être étonné, après avoir douté un court instant de la brusque conversion de son fils, Don Louis laisse éclater sa joie : « J'en vais tout de ce pas porter l'heureuse nouvelle à votre mère, partager avec elle les doux transports du ravissement où je suis. » La scène est de courte durée et la rapidité avec laquelle Don Louis rentre chez lui est à souligner autant que l'enthousiasme des paroles qui reflètent sa croyance au repentir de Don Juan. En réalité, la dévotion de Don Juan est feinte : le libertin a fait l'hypocrite ; pour justifier ce comportement, Molière aurait pu imaginer que l'objectif de son protagoniste était de se débarrasser d'un père qui l'avait déjà suffisamment importuné (voir l'acte IV, scène 4) ; or, lorsque Don Louis est sorti, à l'acte V, scène 2, Don Juan explique à Sganarelle son attitude : « C'est un dessein que j'ai formé par pure politique, un stratagème utile, une grimace nécessaire où je veux me contraindre pour ménager un père dont j'ai besoin, et me mettre à couvert du côté des hommes de cent fâcheuses aventures qui pourraient m'arriver. » À l'acte IV, scène 4, Don Louis avait fait allusion à son pouvoir, à ses interventions personnelles auprès du roi, à ses amis influents, pour tirer d'affaire, à plusieurs reprises, le libertin accumulant les actions indignes d'un gentilhomme. Don Juan traite ici son père comme il a traité Don Carlos à l'acte III, scène 4 ; il dupe ceux dont il a besoin.

6 Le couple Don Juan Sganarelle

SGANARELLE, LE SERVITEUR

Sganarelle est au service de Don Juan ; il se présente ainsi dès la première scène de la pièce : « Tu vois en Don Juan mon maître... », dit-il à Gusman. Après la mort de Don Juan, à la fin de la pièce, Sganarelle regrette ses « gages ». Molière désigne Sganarelle comme le valet de Don Juan, mais en réalité, les rapports qui existent entre le maître et le serviteur sont complexes et ils se manifestent dans des domaines variés.

Lorsqu'il est en compagnie de Sganarelle, Don Juan dirige le dialogue : il interroge son domestique avec autorité, ou lui donne la permission de s'exprimer : « Veux-tu répondre, te dis-je » (acte I, scène 3). « Je te donne la liberté de parler et de me dire tes sentiments » (acte I, scène 2).

Don Juan utilise Sganarelle comme son porte-parole ; il lui ordonne parfois d'intervenir à sa place : « Appelle un peu cet homme que voilà là-bas » (il s'agit du pauvre, dans l'acte III, scène 1). Lorsqu'il décide, par jeu, de provoquer la statue du Commandeur, Don Juan s'adresse également à son serviteur : « Demande-lui s'il veut venir souper avec moi. (...) Demande-lui, te dis-je » (acte III, scène 5). Et quels que soient ses sentiments ou son embarras, Sganarelle exécute les ordres.

Pour manifester sa colère et son mécontentement à l'égard de son valet, le maître utilise des termes insultants ; il le nomme « traître », « coquin », « maraud », « maître sot ». Don Juan traite parfois son serviteur avec une certaine cruauté.

Dans l'acte IV, scène 7, Sganarelle prend un morceau d'un des plats destinés au souper de son maître, et le met dans sa bouche ; Don Juan s'en aperçoit : « Il me semble que tu as la joue enflée (...). Montre un peu. Parbleu ! c'est une fluxion qui lui est tombée sur la joue. Vite, une lancette pour percer cela ! Le pauvre garçon n'en peut plus, et cet abcès le pourrait étouffer. Attends : voyez comme il était mûr... »

Dans certaines situations, le maître impose à son serviteur le rôle d'un bouffon ; il le laisse s'exprimer longuement car son raisonnement qui s'appuie sur des proverbes, des légendes populaires, des idées reçues empreintes de naïveté, est parfois comique ; Sganarelle n'est d'ailleurs pas un rustre épais ; son langage et son comportement sont souvent teintés d'humour et de fantaisie.

Par exemple, dans l'acte I, scène 2, pour reprocher à Don Juan son comportement libertin, Sganarelle fait semblant de s'adresser à un maître hypothétique tout en ayant une attitude très directe : « Si j'avais un maître comme cela, je lui dirais fort nettement, le regardant en face : « Osez-vous bien ainsi vous jouer du Ciel, et ne tremblez-vous point de vous moquer comme vous faites des choses les plus saintes ? C'est bien à vous, petit ver de terre, petit mirmidon que vous êtes (je parle au maître que j'ai dit)... »

Enfin, à l'acte IV, scène 8, Don Juan ordonne à Sganarelle de chanter pour régaler la statue du Commandeur qui vient souper.

■■■■■■ SGANARELLE, LE FAIRE-VALOIR

On peut se demander si le rôle essentiel de Sganarelle n'est pas de mettre en valeur, par contraste, l'athéisme de Don Juan, son libertinage, étroitement liés à sa condition d'aristocrate.

Sganarelle est un homme du peuple ; sa culture ne lui permet pas de raisonner comme Don Juan ; sa foi est naïve ; elle se mêle à la superstition et aux croyances les plus diverses. Ainsi, dans l'acte III, scène 1, il place sur le même plan : « le moine bourru », « l'enfer », « le diable », « l'autre vie », « le loup-garou », « les miracles de la médecine ».

Le valet se soumet aux sacrements imposés par l'Église par crainte du péché, alors que le libertinage de Don Juan est une forme de bravade, une recherche de pouvoir et de liberté.

Enfin, Sganarelle souligne l'athéisme de Don Juan, dans la mesure où il participe aux avertissements qui laissent prévoir le châtiment final du libertin. À plusieurs reprises, il s'adresse à Don Juan pour le mettre en garde : « Les libertins ne font jamais une bonne fin. Le Ciel punit tôt ou tard les impies » (acte I, scène 2). Dans l'acte V, Sganarelle fait allusion à la foi que simule Don Juan, à son hypocrisie : « Le Ciel, qui vous a souffert jusques ici, ne pourra souffrir du tout cette dernière horreur » (scène 4) et « Jetez-vous vite dans le repentir » (scène 5). Il est d'ailleurs intéressant de constater que l'attitude de Sganarelle suit l'évolution de l'intrigue ; ses propos traduisent la crainte, le présage, puis ils annoncent avec certitude la mort et la damnation du libertin qui affiche avec de plus en plus d'ostentation son athéisme. « Vous serez damné à tous les diables », déclare Sganarelle dans l'acte V, scène 2.

■■■■■ SGANARELLE, LE COMPAGNON

Malgré leurs différences sociales, intellectuelles, physiques, il existe des liens affectifs entre Don Juan et Sganarelle : ce sont deux compagnons qui n'apparaissent jamais l'un sans l'autre (26 scènes sur 27).

Celui-ci ne s'exprime qu'une seule fois en l'absence de son maître (dans la première scène de l'acte I).

En fait, les liens entre Don Juan et Sganarelle sont solides : ils ne peuvent se passer l'un de l'autre. Sganarelle est pour Don Juan à la fois un confident et un complice.

Un confident

Dans cette pièce, Molière n'utilise pas le monologue ; or, Don Juan est un solitaire. Pour communiquer aux spectateurs les intentions et les sentiments qui animent Don Juan, le procédé dramatique le plus habile était de le mettre en scène avec un personnage comme Sganarelle : celui-ci ne comprend pas très bien les raisonnements du libertin et le laisse régler seul ses problèmes avec le Ciel, mais il est là, il écoute, et sa présence est nécessaire à Don Juan qui lui demande ou lui impose toujours de ne pas le quitter.

Sganarelle n'est pas pour autant taciturne ; Don Juan l'interroge d'ailleurs fréquemment, car comme tout domestique, Sganarelle est souvent averti avant son maître des dernières nouvelles (voyez son entretien avec Gusman à propos de l'arrivée d'Elvire à l'acte I, scène 1).

De plus, le libertin invite souvent son valet à prononcer un jugement, à émettre une opinion, à donner son avis ; cette attitude est assez complexe et les intentions qui la dictent varient certainement avec l'humeur du gentilhomme : est-elle perverse ou libératrice ? Le maître place un instant son serviteur sur un plan d'égalité : « je te donne la liberté de parler et de me dire tes sentiments » (acte I, scène 2) ; mais n'est-ce pas également pour l'humilier, rire de son manque d'aisance, et le dominer davantage ensuite ?

Ce comportement peut correspondre également à des motivations intellectuelles : Don Juan souhaite entendre des propos dictés par le bon sens populaire dont Sganarelle est parfois le rapporteur.

Un complice de longue date

Sganarelle est pour Don Juan, depuis bien des années, un partenaire de jeu, le complice de ses aventures, le témoin de sa vie privée. Sganarelle n'échappe pas aux mésaventures qui surviennent à Don Juan, ainsi il est avec lui rescapé d'un naufrage (Pierrot en fait le récit à l'acte II), et il est présent chaque fois que se manifeste la statue du Commandeur. Malgré quelques protestations et parfois certaines marques d'indignation, Sganarelle se comporte également comme le complice des ruses qu'imagine Don Juan ou des jeux qu'il invente. Telle est son attitude à l'acte II, scène 2, lorsque Don Juan s'amuse à séduire Charlotte. Telle est sa réaction à l'acte III, scène 2, lorsque Don Juan joue avec un louis d'or, le fait miroiter pour inciter le Pauvre à blasphémer.

Enfin, la complicité qui s'est établie entre Don Juan et Sganarelle est très certainement liée aux dons de comédien du valet qui sait faire le clown pour distraire son maître (voyez le paragraphe le « pitre Sganarelle » p. 57) : c'est une qualité qu'apprécie particulièrement Don Juan qui s'ennuie très vite avec les gens trop sérieux (voyez son attitude avec son père à l'acte IV, scène 4).

SGANARELLE, L'ADMIRATEUR

Sganarelle, quant à lui, est fasciné par Don Juan et ce trait de caractère est souligné dès la première scène de l'acte I.

Sganarelle joue au maître

La discussion est déjà entamée au lever du rideau : le valet Sganarelle, s'est lancé, en présence du valet Gusman, dans une belle démonstration oratoire sur les bienfaits du tabac. Le public de l'époque ne peut s'y méprendre : Sganarelle imite son maître pour se donner de l'importance. L'usage faste ou néfaste du tabac alimentait les conversations à la cour et dans les salons : on en discutait la valeur médicale et le bon usage. Dans les églises, du haut des chaires, on condamnait le tabac comme « le dessert des Enfers ». Depuis un siècle déjà, on trouvait en France du tabac à priser, mais Louis XIII en avait interdit la vente et son prix avait été jusqu'alors suffisamment élevé pour être un luxe de seigneur ; or Sganarelle tient une tabatière, qu'il a peut-être volée à Don Juan. Le valet souligne en termes forts la méchanceté, l'athéisme, l'immoralité de Don Juan, mais paradoxalement il essaye parfois de parodier le libertin. En fait, Sganarelle imite son maître : il intègre l'usage du tabac à un art de vivre (acte I, scène 1), et le ton de son discours ressemble à la théorie de Don Juan sur l'amour (acte I, scène 2).

En l'occurrence, Sganarelle imite Don Juan parce qu'il est en présence du valet Gusman : son égal sur le plan social ; il cherche à impressionner l'autre, à fanfaronner, à dominer pour une fois, lui le domestique qui subit toujours le maître (comme on le constatera dans la suite de la pièce) ; et puis, Sganarelle cherche peut-être un peu à faire dévier la conversation, à distraire Gusman de sa démarche initiale : « les raisons de la fuite de Don Juan ». Sganarelle n'aime pas tellement être mêlé aux ennuis de son maître.

Sganarelle ne peut vivre sans Don Juan

Nous ferons ici le point sur le couple Don Juan — Sganarelle en observant la suite de la conversation avec Gusman, soit le portrait médisant de Don Juan brossé par son valet. Le serviteur critique son maître avec un emportement sans limites ; sa hargne accumule les accusations lourdes d'insultes, et aucun terme ne semble assez éloquent pour caractériser l'ignominie de Don Juan. Nul ne sait, en l'occurrence, où s'arrête la médisance et où commence la calomnie. Certes, Sganarelle est sincère lorsqu'il souhaite que son maître soit « aux cinq cents diables » et il a, sans aucun doute, très peur de lui ; pourtant, quel désarroi dans ce « mes gages ! » qui termine la pièce ! Sganarelle est également sincère lorsqu'il dit : « Il n'y a que moi seul de malheureux » (acte V, scène 6) ou « Il me vaudrait bien mieux d'être au diable que d'être à lui » (acte I, scène 1). Finalement la critique ne dépasse pas le cadre des paroles ; en réalité, Sganarelle ne peut plus se passer de Don Juan : il oublie, en effet, en sa présence qu'il n'est « qu'un pauvre valet » ; il a besoin de le voir pour l'imiter ; il a besoin de le suivre, pour avoir l'impression de lui ressembler. Initialement enchaîné par la crainte et le besoin d'argent, Sganarelle est devenu un être qui ne vit qu'à travers Don Juan et n'existe que par lui : le valet est l'ombre du seigneur ; mais il lui arrive de se révolter, lorsqu'il réalise qu'il s'agit seulement d'un jeu, d'une illusion.

7 Les personnages symboliques La satire

Don Juan et Sganarelle sont presque toujours présents dans la pièce de Molière ; en revanche, les autres personnages ne font que passer : ils apparaissent à tour de rôle dans une, deux ou trois scènes seulement, et nous avons constaté p. 30 qu'ils ont été conçus essentiellement pour nous permettre d'apprécier l'égoïsme du libertin, son mépris d'autrui, son besoin de mettre en échec les valeurs établies. En fait, ces personnages sont surtout des symboles : ils représentent la classe sociale à laquelle ils appartiennent, ils symbolisent une idéologie morale ou religieuse propre au XVIIe siècle.

■■■■■■■ LES ARISTOCRATES

Elvire

Elvire est la jeune femme de famille noble marquée par la culture et le conformisme particuliers à son rang (certes, elle a eu un instant d'égarement en se laissant séduire par Don Juan qui l'a enlevée d'un couvent pour l'épouser, mais cet épisode de sa vie est antérieur à l'action de la pièce). Dans l'acte I, scène 3, après avoir été abandonnée par Don Juan, son humiliation et sa honte sont extrêmes : Elvire adresse des reproches à Don Juan, mais son amertume et sa colère ne s'extériorisent pas avec outrance : « N'attends pas que j'éclate ici en reproches et en injures. [...] Le Ciel te punira, perfide [...] appréhende du moins la colère d'une femme offensée. » La douleur d'Elvire est empreinte d'une vraie grandeur, digne des personnages de haut rang.

Dans l'acte IV, scène 6, Elvire apparaît pour tenter de sauver Don Juan ; elle est la messagère de Dieu : elle incarne la grâce qu'Il accorde parfois à certains pécheurs repentants ; son langage est inspiré par la foi :

> Ce même Ciel qui m'a touché le cœur et fait jeter les yeux sur les égarements de ma conduite, m'a inspiré de vous venir trouver et de vous dire, de sa part, que vos offenses ont épuisé sa miséricorde.

Observons l'importance du vocabulaire religieux, la longueur des phrases et leur rythme marqué par la ponctuation ; relevons les procédés de reprise et d'insistance : Elvire s'exprime comme messagère de Dieu.

Don Carlos, Don Alonse, Don Louis

Don Carlos, Don Alonse et Don Louis représentent l'aristocratie traditionaliste, respectueuse de la morale ancestrale et attachée au culte de l'honneur. À l'acte III, scène 3, Don Carlos annonce, comme un devoir dû à son rang, qu'il doit venger sa sœur Elvire, enlevée puis abandonnée par Don Juan : « Nous nous voyons obligés, mon frère et moi, à tenir la campagne pour une de ces fâcheuses affaires qui réduisent les gentilshommes à se sacrifier, eux et leur famille, à la sévérité de leur honneur... » À l'acte III, scène 4, lorsque Don Alonse découvre Don Juan, le mari infâme de sa sœur, son indignation, sa colère et sa haine sont extrêmes, mais en porte-parole de la noblesse à laquelle il appartient, il s'exprime dans un langage qui, malgré sa colère, reste contrôlé : « Ô Ciel ! Que vois-je ici ? Quoi ! mon frère, vous voilà avec notre ennemi mortel ? » dit-il à Don Carlos, puis il s'adresse à Don Juan : « Ah ! traître, il faut que tu périsses... »

À l'acte IV, scène 4, Don Louis se sent douloureusement offensé lorsqu'il constate l'insolence de Don Juan, l'insensibilité qui s'ajoute à la conduite immorale du libertin, mais pour maudire son fils, le vieil aristocrate s'exprime avec une grandiloquence digne d'un homme de sa condition : « Non, insolent, je ne veux point m'asseoir, ni parler davantage, et je vois bien que toutes mes paroles ne font rien sur ton âme. Mais sache, fils indigne, que la tendresse paternelle est poussée à bout par tes actions, que je saurai, plus tôt que tu ne penses, mettre une borne à tes dérèglements, prévenir sur toi le courroux du Ciel et laver par ta punition la honte de t'avoir fait naître. »

LE PEUPLE
ET LA BOURGEOISIE

Charlotte, Mathurine,
Pierrot, Lucas

Charlotte, Mathurine, Pierrot et Lucas[1] sont les représentants de la classe paysanne. Dans l'acte II, ils s'expriment dans le patois des paysans d'Île-de-France au XVIIᵉ siècle. Dans l'intimité, leur attitude est sans détour : « Vois-tu, Charlotte, il faut, comme dit l'autre, que je débonde mon cœur. Je t'aime, tu le sais bian, et je sommes pour être mariés ensemble ; mais marquenne ! je ne suis point satisfait de toi », déclare Pierrot dans la scène 1.

Ils se courtisent en chahutant : « Regarde la grosse Thomasse, comme elle est assotée du jeune Robain : alle est toujou autour de li à l'agacer, et ne le laisse jamais en repos ; toujou al li fait queuque niche ou li baille queuque taloche en passant », précise Pierrot un peu plus loin. Ils sont braves mais joueurs et intéressés. Dans l'acte II, scène 1, Pierrot raconte à Charlotte comment lui-même et Lucas sont allés secourir Don Juan et Sganarelle : Pierrot prétendait que deux hommes étaient en train de nager au loin et Lucas disait qu'il n'en était rien. Avant de quitter le rivage pour aller vérifier qui avait raison, ils ont parié « dix sols ».

Dans l'acte II, scène 3, Pierrot constate que Charlotte veut le quitter pour suivre Don Juan qui lui a promis de l'épouser :

> Va, va, Piarrot, ne te mets point en peine : si je sis Madame, je te ferai gagner queuque chose, et tu apporteras du beurre et du fromage cheux nous

déclare Charlotte pour consoler Pierrot.

Monsieur Dimanche

Dans l'acte IV, scène 3, Monsieur Dimanche apparaît comme le type même du bourgeois qui a récemment accédé à la richesse. C'est un marchand, un créancier ; il prête de l'argent

---

1. Lucas n'apparaît pas sur scène, mais à l'acte II, scène 1, Pierrot rapporte ses propos en employant le style direct.

à Don Juan : financièrement, le seigneur est sous sa dépendance, mais Monsieur Dimanche est timide et maladroit : il se laisse dominer par les belles paroles, l'audace et la ruse du gentilhomme. Intellectuellement, la bourgeoisie est encore inférieure à l'aristocratie.

Le Pauvre

Dans l'acte III, scène 2, le Pauvre est le symbole de la religion contemplative telle que la conçoivent les gens du peuple : le Pauvre est un ermite mendiant. « Je suis un pauvre homme, Monsieur, retiré tout seul dans ce bois depuis dix ans, et je ne manquerai pas de prier le Ciel qu'il vous donne toute sorte de biens », dit-il à Don Juan en lui réclamant quelque aumône.

■■■■ LA SATIRE DES MŒURS

En fait, *Dom Juan* n'est pas une pièce dont le comique est innocent : Molière fait rire le public, mais il critique en même temps les mœurs du XVIIe siècle.

Ainsi, il se moque de l'importance et de la force des apparences : par exemple, à l'acte III, scène 1, Sganarelle est déguisé en médecin et il évoque le pouvoir de son vêtement : on le salue et on croit aux ordonnances qu'il « fait à l'aventure » ; ce qui provoquera la réplique de Don Juan : « Par quelle raison n'aurais-tu pas les mêmes privilèges qu'ont tous les autres médecins ? [...] tout leur art est pure grimace. » De même, à l'acte V, après avoir ridiculisé le pouvoir de l'hypocrisie dans la scène I, Don Juan en fait la critique dans la scène 2 : « L'hypocrisie est un vice à la mode [...] l'hypocrisie est un vice privilégié [...]. Combien crois-tu que j'en connaisse qui, par ce stratagème, ont rhabillé adroitement les désordres de leur jeunesse ! »

Molière évoque également de façon satirique le goût du XVIIe siècle pour la parade et l'ostentation : par exemple, à l'acte I, scène 2, Sganarelle, par un stratagème comique, adresse des remontrances à Don Juan, mais il critique également par ce biais la profusion de rubans, de plumes et de dorures caractéristiques du costume de certains marquis sous le règne de Louis XIV. À l'acte III, scène 5, Don Juan souligne l'architecture ambitieuse du mausolée et de la statue du Commandeur : « On ne peut voir aller plus loin l'ambition d'un homme mort. [...] Le voilà bon avec son habit d'empereur romain ! »

L'ambiguïté morale de certains usages est aussi traitée de façon satirique : au XVIIᵉ siècle, le tabac était admis comme un médicament mais l'Église l'interdisait en tant que jouissance ; une telle utilisation relevait des mœurs libertines. En fait, le plaisir de priser commençait à se répandre dans les salons malgré l'interdiction pontificale. Ainsi, lorsque Molière fait dire à Sganarelle : « Il réjouit et purge les cerveaux humains, mais encore il instruit les âmes à la vertu, et l'on apprend avec lui à devenir honnête homme », il nous montre un valet qui cherche à s'exprimer comme un gentilhomme et qui a sans doute eu l'occasion, en accompagnant son maître, d'observer qu'on offrait du tabac à priser dans les milieux distingués. Par l'intermédiaire de Sganarelle, Molière rappelle au public de son époque que les belles manières de l'honnête homme n'étaient pas toujours en accord avec la morale chrétienne.

Une ambiguïté du même ordre caractérise le comportement des frères d'Elvire : Don Alonse ne confond-il pas le sens de l'honneur et du devoir avec un désir de vengeance condamné par l'Église ? À l'acte V, scène 3, le duel que Don Carlos veut imposer à Don Juan était considéré par la noblesse comme un acte justifié pour défendre son honneur en cas d'offense ; or la seule intention de se battre était jugée par la morale chrétienne comme un péché. Molière critique ici ces accommodements entre la vertu (défendre son honneur) et le vice (commettre un crime en se battant en duel) qui caractérisaient parfois le comportement des aristocrates.

De même, à l'acte V, scène 3, Don Juan, faisant l'hypocrite, refuse de se battre s'il n'est pas attaqué : « Je vous déclare, pour moi, que ce n'est point moi qui veux me battre : le Ciel m'en défend la pensée ; et si vous m'attaquez, nous verrons ce qui arrivera. » Dans cette réplique, Molière fait allusion, sur le ton satirique, au règlement qui punissait plus sévèrement les « appelants »[1] que les « appelés ». Au XVIIᵉ siècle, le sujet est

---

1. Le duel est un combat entre deux personnes. L'appelant est celui qui impose à l'appelé de se battre.

d'actualité ; en s'appuyant sur l'« intention » et la « non-intention », les jésuites[1] trouvent parfois des excuses à certaines actions juridiquement ou moralement douteuses ; ils tolèrent, dans certains cas, le duel lorsqu'il s'agit d'un appelé. Cette morale que les jansénistes et beaucoup d'autres estiment relâchée, est critiquée avec ironie par Pascal dans la septième lettre des *Provinciales*... : « Quel mal y a-t-il d'aller dans un champ, de s'y promener en attendant un homme, et de se défendre si on l'y vient attaquer ? »

---

1. Leur théologie rend l'homme partiellement responsable du salut de son âme, par opposition à la théorie janséniste qui s'appuie sur la prédestination.

8 Baroque et classicisme

LA DIVERSITÉ DANS « DOM JUAN »

Représenté pour la première fois en 1665, *Dom Juan* appartient à une époque où le théâtre classique s'était imposé ; on appréciait la rigueur et la régularité des spectacles qui se soumettaient à des règles définies pour respecter la vraisemblance (les apparences de la vérité, l'illusion du possible) et les bienséances (ce qui sied à la morale, à la religion, aux bonnes mœurs). L'idéal classique s'opposait au théâtre baroque qui avait été particulièrement apprécié jusqu'en 1630 ; le baroque aimait l'effet et l'extravagance qui devaient éblouir et pouvaient choquer les spectateurs ; il multipliait les aventures et les revirements sans souci de vraisemblance et de cohérence ; il recherchait l'extraordinaire en mêlant le surnaturel à la réalité quotidienne. La mise en scène baroque utilisait les truquages de la machinerie pour produire des métamorphoses, des feux d'artifice, des jets d'eau, des apparitions... tout ce qui pouvait s'opposer aux aspects figés de la vie.

La recherche d'équilibre du classicisme et le besoin de démesure de l'art baroque semblent de prime abord inconciliables, et *Dom Juan*, dans lequel Molière a osé associer des éléments empruntés à l'une et l'autre de ces tendances, fut longtemps considéré comme une pièce mal construite. C'est aujourd'hui l'œuvre dramatique française la plus étudiée et le plus souvent mise en scène. Le succès actuel de *Dom Juan* est peut-être partiellement lié à cette double dimension classique et baroque qui est source de lectures multiples, d'analyses jamais épuisées, de discussions passionnées et de spectacles variés.

■■■■■■ LES ÉLÉMENTS BAROQUES

La diversité de ton et d'action

La diversité baroque s'oppose à l'unité du théâtre classique qui est représenté par la tragédie d'une part, et la comédie d'autre part : celles-ci sont nettement différenciées, et selon la règle des trois unités, l'action unique qui les caractérise doit se dérouler en vingt-quatre heures et en un seul lieu.

En l'occurrence, Molière intitule sa pièce « comédie », mais il y mêle différents genres ; Elvire, par exemple, a la dimension d'une héroïne de tragédie : elle appartient à la noblesse, elle inspire aux spectateurs un sentiment de pitié mêlé d'admiration, elle est la victime impuissante des contradictions entre ses sentiments et ses obligations religieuses. L'athéisme, le libertinage dans lesquels se complaît Don Juan, s'imposent à elle comme une fatalité contre laquelle elle lutte en vain (voir, acte IV, scène 6). Don Louis, quant à lui, ressemble aux pères que l'on rencontre dans les tragi-comédies : il est à la fois intransigeant et généreux (comme Don Diègue dans *Le Cid* de Corneille). D'autre part, l'acte II met en scène des paysans dont le travail devrait être rude, mais, comme les bergers d'une pastorale[1], ils semblent consacrer une bonne partie de leur temps au jeu, au plaisir, à l'amour.

Par ailleurs, Molière exploite la liberté et la diversité du théâtre baroque lorsqu'il étale la durée de sa pièce sur plus d'une journée (un jour entier plus la soirée du lendemain) et ne respecte pas l'unité d'action : l'intrigue de *Dom Juan* est formée d'une série de rencontres et d'événements souvent fortuits ; au premier acte, Don Juan est poursuivi par Done Elvire ; au second acte, le libertin, après un naufrage, courtise deux paysannes, et le thème de la poursuite est seulement repris dans la dernière scène de l'acte ; l'affaire entre Elvire et Don Juan occupe deux scènes sur cinq dans le troisième acte, une scène sur huit dans le quatrième acte et une scène sur six dans le cinquième acte. Quant à la rencontre avec la statue du Commandeur, elle se situe seulement au troisième acte, et ne présente aucun rapport avec l'abandon d'Elvire.

---

1. Pièce littéraire ou musicale ayant pour thème la vie pastorale.

La variété des décors, la richesse des costumes

Pour les décors et les costumes de *Dom Juan*, Molière s'inspire également de la mise en scène baroque qui recherche l'ornement et la magnificence. Ainsi, chaque scène de la pièce se situe dans un cadre qui doit éblouir le spectateur ; un programme, publié après 1665, nous permet de relever les termes qui soulignent la splendeur de ces décors :

— *premier acte :* l'ouverture du théâtre se fait par un magnifique jardin ;

— *deuxième acte :* le théâtre de mer et de rochers succède au superbe palais du premier acte ;

— *troisième acte :* un bois ;

— *quatrième acte :* chambre aussi superbe qu'on puisse voir ;

— *cinquième acte :* théâtre de statues à perte de vue.

Les costumes du protagoniste et de son serviteur sont en harmonie avec la féerie de ces décors.

Ainsi l'habit de Sganarelle s'inspire du costume de Scaramouche, mais le noir qui caractérise le vêtement du valet italien est remplacé par un tissu de couleur flamme.

Don Juan est vêtu comme un prince : à l'acte I, scène 2, les propos de Sganarelle nous permettent d'apprécier l'importance que son maître accorde à la parure : « Pensez-vous que pour être de qualité, pour avoir une perruque blonde et bien frisée, des plumes à votre chapeau, un habit bien doré, et des rubans couleur de feu [...] vous en soyez plus habile homme ? » À l'acte II, scène 1, Pierrot dit à Charlotte en parlant du libertin : « Il faut que ce soit queuque gros, gros Monsieur, car il a du dor à son habit tout depis le haut jusqu'en bas. »

Le changement de costume de certains personnages est à plusieurs reprises indiqué ou suggéré. Par exemple, au début de l'acte III, Molière précise que Don Juan est maintenant en habit de campagne[1] et que Sganarelle est déguisé en médecin, et on peut supposer qu'à l'acte IV, Don Juan, de retour chez lui, porte une tenue d'intérieur, et Sganarelle des vêtements de valet. À l'acte I, scène 3, Elvire apparaît en costume de voyage, et à l'acte IV, scène 6, elle se voile pour rendre visite à Don Juan.

---

1. Costume de voyage.

La métamorphose, l'illusion

Les truquages produits par la machinerie, les effets d'ombre et de lumière, tous les procédés qui donnent aux spectateurs l'illusion que le réel et le surnaturel se confondent, sont également des éléments baroques.

Ainsi, à l'acte III, scène 5, nous pénétrons avec Sganarelle dans le tombeau du Commandeur que Don Juan tua en duel quelques mois plus tôt ; à deux reprises, la statue qui représente le mort baisse la tête pour répondre à l'invitation à dîner de Don Juan : « Demande-lui s'il veut venir souper avec moi », dit le libertin en s'adressant à son valet. « Ce serait être fou que d'aller parler à une statue », répond Sganarelle. « Fais ce que je te dis », ajoute Don Juan. Sganarelle exécute l'ordre de son maître et l'homme en pierre acquiesce d'un signe de tête. Dès la découverte de la statue, Sganarelle avait déjà noté : « Il jette des regards sur nous qui me feraient peur, si j'étais tout seul. »

La scène mêle le surnaturel à une plaisanterie : Don Juan se promène et il invite une statue à souper ; le spectateur assiste en même temps que le libertin à la métamorphose de la statue ; l'illusion est renforcée par l'atmosphère macabre du tombeau ; l'homme en pierre se transforme, il bouge, mais en même temps, c'est un mort qui s'anime, qui ressuscite.

Plus tard, à l'acte IV, scène 8, cette triple dimension baroque : métamorphose, illusion, confusion totale entre l'imaginaire et la réalité, sera renforcée : la statue du Commandeur viendra dîner chez Don Juan ; elle entrera dans la maison, marchera, parlera, repartira.

Enfin, à l'acte V, scène 6, la statue apparaît, parle, serre la main de Don Juan, et disparaît avec le libertin ; l'intervention finale de la machinerie donne à la mort de Don Juan un caractère magique : « Le tonnerre tombe avec un grand bruit et de grands éclairs sur Don Juan ; la terre s'ouvre et l'abîme ; et il sort de grands feux de l'endroit où il est tombé. » (Molière souligne l'aspect extraordinaire du spectacle par la répétition de l'adjectif « grand »).

Dès l'acte V, scène 5, cette mort est d'ailleurs annoncée par une apparition : un spectre en femme voilée apparaît, il s'exprime vraisemblablement avec la voix d'Elvire : « Je crois connaître cette voix », déclare Don Juan ; le spectre se transforme ensuite pour représenter le Temps avec sa faux à la main ; puis il s'envole lorsque Don Juan veut le frapper avec son épée.

La mise en scène de l'hypocrisie

L'art baroque est également une vision théâtrale de la vie : toute démarche banale se transforme en geste de parade, en acte d'ostentation, en situation spectaculaire. Ainsi Don Juan est un personnage baroque, car parallèlement à sa dimension scénique spécifique (c'est un rôle qui est interprété sur scène par un acteur), il se comporte à l'intérieur de la pièce de Molière comme le metteur en scène des autres personnages, ou comme un comédien qui interprète un numéro de sa composition. Nous verrons p. 56 que cette mise en scène des autres a un objectif essentiellement comique. Nous nous intéresserons ici à son rôle d'« hypocrite » à l'acte V, scènes 1 et 3.

L'hypocrisie est un mot ambigu qui peut désigner à la fois le jeu d'un acteur (au sens étymologique) et l'art de feindre. Don Juan dissimule son libertinage pour se montrer tel un pécheur repenti ; mais il monte également un spectacle qu'il joue devant son père, puis devant les frères d'Elvire.

Don Juan a appris le texte du pénitent touché par la grâce divine, et il sait le dire parfaitement pour faire illusion ; il connaît la phrase longue et rythmée dont la musicalité s'inspire des psaumes : « Il [le Ciel] a touché mon âme et dessillé mes yeux, et je regarde avec horreur le long aveuglement où j'ai été et les désordres criminels de la vie que j'ai menée. » Notons, dans son discours hypocrite, la prédominance des voyelles nasalisées et des consonnes sourdes qui donnent à son langage le ton d'une patenôtre. Apprécions également tous les procédés augmentatifs qui soulignent la débauche passée du libertin, rendent hommage à l'extrême bonté et à la grandeur du Ciel, et permettent en même temps de mesurer l'immense repentir du pécheur : « *Toutes mes erreurs* [...] je regarde avec horreur le *long aveuglement* où j'ai été [...] les grâces que sa bonté m'a faites [...] mes crimes [...] *le scandale de mes actions* passées » (acte V, scène 1).

Les intonations du libertin, son comportement, et peut-être son costume sont sans doute en harmonie avec le langage qu'il emploie. Lorsque Molière précise que Don Juan « fait » l'hypocrite, il nous permet de supposer que les paroles de l'acteur s'accompagnent de gestes et de soupirs ; peut-être est-il prostré, peut-être est-il à genoux ; la dévotion se manifestait de façon théâtrale au XVIIᵉ siècle (référons-nous au portrait qu'Orgon fait de Tartuffe lorsqu'il le vit prier à l'église pour la première fois dans *Tartuffe*, acte I, scène 5).

■■■■■■ UN CLASSICISME DISCUTABLE

Absence d'unité d'action mais unité d'intérêt

Le classicisme de *Dom Juan* est discutable, car Molière ne respecte pas les unités de temps et de lieu imposées par les règles, et il choque certains spectateurs ; on peut s'interroger également sur le dénouement heureux d'une telle comédie. En revanche, l'unité d'action est remplacée par une certaine unité d'intérêt autour du personnage de Don Juan :

● Des personnages en grand nombre mais tous des faire-valoir de Don Juan

En plus de Don Juan et de Sganarelle, quinze personnages interviennent dans la pièce et certains n'apparaissent qu'une fois ; ils ne se rencontrent pas, et leurs interventions éparses peuvent donner l'impression d'une suite de tableaux sans liens. En fait, tous ces personnages rencontrent Don Juan : leur rôle nous permet d'apprécier le comportement social et familial de Don Juan, de mesurer son athéisme, d'évaluer sa détermination face au destin. L'histoire du libertin menacé, poursuivi, condamné et exécuté constitue une unité d'intérêt proche de l'unité d'action.

● Des aventures diverses, mais toujours la même scène de libertinage ou d'hypocrisie

Don Juan provoque le Ciel avec une audace de plus en plus marquée et sa recherche de la puissance de Dieu suit un mouvement ascendant : il nargue effrontément Elvire et l'humilie sous le couvert du Ciel : « Le repentir m'a pris, et j'ai craint le courroux céleste. » Dans l'acte II, il s'emporte lorsque Sganarelle lui reproche de ne pas rendre grâce au Ciel de l'avoir sauvé de la noyade. Il cherche à convaincre Charlotte de sa sincérité :

« Au nom du Ciel ». Il précise les causes de son impiété dans l'acte III : « Je crois que deux et deux sont quatre. » Il incite un pauvre au blasphème dans la scène 2 de l'acte III. Il réaffirme sa conception libertine de l'amour dans la scène 5 de l'acte III. À la fin de la même scène, il nargue la statue : symbole de la Mort et du meurtre qu'il a commis. Il juge avec mépris le signe de la statue dans la scène 1 de l'acte IV. Il souhaite la mort de son père dans la scène 5 de l'acte IV. Il refuse la « grâce » dont Elvire est l'ambassadrice dans la scène 6 de l'acte IV, puis il « joue la comédie » du repentir, de la conversion, de la profonde dévotion, sans réagir à l'avertissement du spectre qui lui offrait peut-être une dernière chance de salut. Don Juan est sûrement hypocrite dès le début de la pièce : pour camoufler ses mensonges, les feintes de son comportement, ses dérobades, il n'hésite pas à évoquer le Ciel dès les premières scènes ; ses attitudes sont, en réalité, pur stratagème pour mener ses entreprises comme il l'entend ; en amour, il jure au nom du Ciel et c'est une tactique, de même qu'il joue les dévots dans le cinquième acte par « pure politique », comme il le précise lui-même. Finalement, les rencontres et les incidents qui s'enchaînent, en apparence fortuitement et sans ordre déterminé, sont en réalité au service de cette courbe de l'hypocrisie qui va du mensonge jusqu'à la fausse dévotion ; une seule trêve rompt cette ascension : l'instant de franchise et de générosité spontanées avec Don Carlos ; cette rupture est brusque et de courte durée ; très vite, Don Juan recommence à mentir en évoquant une amitié qui n'existe pas.

Absence d'unité de lieu, mais partout la même atmosphère menaçante

Parallèlement à cette courbe de l'hypocrisie, Molière fait évoluer sa pièce selon une suite d'avertissements, de prophéties, de malédictions qui impliquent « le Ciel » ou une certaine fatalité. Les manifestations sont de plus en plus graves, inquiétantes, précises et de caractère progressivement surnaturel ; elles déterminent d'une façon également croissante les craintes de Sganarelle : sa peur, son effroi, sa panique. Le défi et l'audace de Don Juan apparaissent comme une provocation de plus en plus forte : obstiné et fidèle à ses principes empiriques dans sa recherche du pouvoir de Dieu, il refuse la croyance et le culte des hommes, quelle que soit la précision des avertissements célestes qui s'imposent à lui ; il « provoque » sa propre mort pour s'assurer de la puissance divine, c'est-à-dire en ce qui le concerne, la malédiction de Dieu par « un fait indéniable ». Le comportement de Don Juan s'appuie sur une formule logique : si Dieu existe et a un pouvoir sur les hommes, Dieu punit les impies. Or Don Juan est un homme. Donc si Don Juan est impie, Dieu, s'il existe, le punira et lui prouvera ainsi son pouvoir.

Les avertissements célestes suivent un mouvement ascendant : Sganarelle fait allusion au courroux du Ciel (acte I, scène 1). Sganarelle annonce que les libertins ne font jamais bonne fin (acte I, scène 2). Elvire prédit l'intervention du Ciel : « Le Ciel te punira » (acte I, scène 3). Pierrot rend compte du naufrage au cours duquel Don Juan aurait pu périr (acte II, scène 1). Sganarelle précise que son maître s'efforce d'attirer la colère du Ciel en ne lui rendant pas grâce de l'avoir épargné (acte II, scène 2). La fin de l'acte II nous apprend que Don Juan est recherché par douze hommes à cheval. À partir de l'acte III, les manifestations du Ciel sont de plus en plus fréquentes et précises : voir la découverte de la statue, ses signes de tête, sa venue, son invitation, le retour d'Elvire messagère de la Grâce, la malédiction du père, l'intervention du spectre et du Temps.

À l'acte I, scène 2, Don Juan se présente comme un homme qui a l'ambition d'étendre ses conquêtes amoureuses et de vivre en toute liberté ; la pièce de Molière montre un personnage qui pendant un jour et demi est sans cesse dérangé, menacé, jusqu'à sa mort qui ressemble à une damnation.

9 Le comique et le burlesque

LE COMIQUE
ET LES PERSONNAGES

Don Juan « animateur d'un spectacle de marionnettes »

Dans le texte, Don Juan ne fait jamais rire à ses dépens[1] ; dans les situations les plus embarrassantes qui pourraient le ridiculiser (voir la scène 4 de l'acte II où Don Juan évolue entre Charlotte et Mathurine), Molière laisse à son personnage principal une allure de seigneur éblouissant par son aisance et son audace. En revanche, Don Juan, aimant le jeu et la comédie, se comporte parfois comme l'animateur d'un spectacle de marionnettes dont il tire les ficelles ; son habileté, son besoin de défier, sa tendance au mépris, le rendent apte à transformer tous les personnages qu'il côtoie ou qu'il rencontre, en pantins dont il dirige le ballet : il est « maître » du bouffon Sganarelle — il « mène le jeu » des paysannes et de Pierrot dans l'acte II — il « prend l'initiative » de jouer au louis d'or avec le Pauvre dans la scène 2 de l'acte III — il ment effrontément à Don Carlos dans la scène 3 de l'acte III et « dirige » ainsi les répliques et les réactions du frère d'Elvire — il se moque de Monsieur Dimanche dans la scène 3 de l'acte IV — il ridiculise les remontrances de son père dans la scène 4 de l'acte IV, par une réponse sèche, inattendue, effrontément terre à terre : « Monsieur, si vous étiez assis, vous en seriez mieux pour parler. » Dans la scène 8 de l'acte IV, le Commandeur lui-même serait un élément de dérision, s'il ne se transformait, au-delà de la fantaisie et du caprice de Don Juan, en une effrayante statue mobile : l'invitation à souper prononcée par Sganarelle, avec

---

1. Certaines mises en scène le conçoivent néanmoins comme un personnage comique.

force cérémonie, « Seigneur Commandeur, mon maître Don Juan vous demande si vous voulez lui faire l'honneur de venir souper avec lui » (acte III, scène 5), aurait les résonances d'une grosse farce, si la statue ne ripostait par un signe de tête... Alors, extraordinaire permutation des rôles, le Commandeur va tirer les ficelles à la place de Don Juan, mais il ne parviendra jamais à rendre Don Juan totalement ridicule : le grand seigneur libertin ne sera plus seul maître de la comédie, mais jusqu'à la fin, il dirigera ses propres réactions, et ne nous accordera pas le moindre sourire à ses dépens.

Ainsi, Don Juan place tous les personnages de la pièce dans une situation embarrassante qui peut leur donner une dimension caricaturale : leur rôle de « marionnette actionnée par Don Juan » sera plus ou moins souligné par leur comportement gestuel, les intonations de leur voix, leurs hésitations, leurs silences, toutes les manifestations excessives de leur embarras...

Le « pitre » Sganarelle

L'inséparable compagnon de Don Juan occupe la scène aussi souvent que son maître ; ce rôle était autrefois tenu par Molière lui-même, et l'auteur devait fort probablement souligner le comique de gestes et de mime propre au personnage du valet, surtout pendant les scènes de figuration où Sganarelle est le témoin muet des entreprises de son maître (voir les scènes 2, 3, 4 de l'acte II). Molière accordait beaucoup d'importance au comique gestuel de ses propres rôles. D'autre part, par le choix des répliques et des indications scéniques qui l'accompagnent, Molière souligne les dimensions comiques de Sganarelle : les parenthèses de la scène 2 de l'acte I sont au service du rire : voir « Je parle au maître que j'ai dit », « Ce n'est pas à vous que je parle mais à l'autre ». Certains galimatias, parodies des grands raisonnements de Don Juan, servent à faire rire plus qu'à souligner l'ignorance du valet : voir la réplique de la scène 3 de l'acte I qui s'adresse à Elvire : « Madame, les conquérants, Alexandre et les autres mondes, sont causes de notre départ. »

Dans la scène 1 de l'acte III, pour conclure la démonstration de Sganarelle sur la supériorité de l'homme, Molière note : « Il se laisse tomber en tournant. »

Dans la scène 7 de l'acte IV, la réplique : « Le... qui est là ! » (il s'agit de la statue) est accompagnée d'une indication gestuelle : — Sganarelle baissant la tête comme a fait la statue — qui donne à la frayeur du valet une intensité particulièrement comique.

■■■■■ LE COMIQUE DE L'ACTE II

Molière a voulu donner à l'ensemble de l'acte II un ton essentiellement divertissant. La seule condition sociale des personnages : « des paysans » qui évoluent sur scène, fait rire le public de la ville. Pierrot, Charlotte et Mathurine s'expriment en patois d'Île-de-France :

> Aga, guien, Charlotte, je m'en vas te conter tout fin droit comme cela est venu ; car, comme dit l'autre, je les ai le premier avisés, avisés le premier je les ai...
>
> (Pierrot, II, 1).

Leurs mœurs puériles nous font au moins sourire :

> Enfin donc, j'estions sur le bord de la mar, moi et le gros Lucas, et je nous amusions à batifoler avec des mottes de tarre que je nous jesquions à la teste
>
> (Pierrot, II, 1).

> Regarde la grosse Thomasse, comme elle est assotée[1] du jeune Robain : alle est toujou autour de li à l'agacer, et ne le laisse jamais en repos ; toujou al li fait queuque niche, ou li baille queuque taloche en passant
>
> (Pierrot, II, 1).

Ces réactions simples et naïves des jeunes paysans prennent une dimension franchement ridicule par contraste avec la « déclaration » de Don Juan :

> DON JUAN. — Sganarelle, regarde un peu ses mains.
> CHARLOTTE. — Fi ! Monsieur, elles sont noires comme je ne sais quoi.
> DON JUAN. — Ha ! Que dites-vous là ? Elles sont les plus belles du monde ; souffrez que je les baise, je vous prie.
> CHARLOTTE. — « Monsieur, c'est trop d'honneur que vous me faites, et si j'avais su ça tantôt, je n'aurais pas manqué de les laver avec du son.

Dans la scène suivante, lorsqu'elle console ce pauvre Pierrot maintenant évincé par Don Juan, Charlotte qui se voit déjà « Madame » nous apparaît plus ridiculement paysanne encore :

---

1. Éprise.

58

> Va, va, Piarrot, ne te mets point en peine : si je sis Madame,
> je te ferai gagner queuque chose, et tu apporteras du beurre
> et du fromage cheux nous.

Enfin, toute la scène 4 associe le comique de situation, de
langage et de mouvement (Don Juan se déplace pour exprimer
tout bas à tour de rôle les mêmes propos amoureux à Charlotte
et à Mathurine).

■■■■ LA PRÉDOMINANCE DU BURLESQUE

Le burlesque s'appuie sur un comique d'opposition, de rupture, de décalage : le rire est provoqué par le contraste entre la
gravité, l'importance d'une situation ou d'un thème, et le langage, le comportement, la gestuelle, élémentaires, maladroits,
parfois grossiers, utilisés, en l'occurrence, par certains personnages.

Par exemple, à l'acte I, scène 1, Sganarelle veut aborder un
sujet sérieux : l'usage du tabac ; pour imiter l'art de discourir de
Don Juan, le valet emploie maladroitement des mots et des
références dont il ignore le sens ; les propos de Sganarelle font
rire le spectateur.

De même, à l'acte II, scène 1, alors qu'il est en train de raisonner sur l'existence de Dieu, Sganarelle fait une chute : la
scène est burlesque.

Nous pouvons constater semblable décalage chaque fois
que Sganarelle intervient dans une situation grave : en présence
d'Elvire (acte I, scène 3) ; lorsqu'il voit le Commandeur dans le
tombeau (acte III, scène 5), puis chez Don Juan (acte IV,
scène 8). Mais c'est surtout dans la scène finale de la pièce que
le comique de rupture et d'opposition est particulièrement souligné : Don Juan est brûlé par un feu invisible : « La terre s'ouvre
et l'abîme ; et il sort de grands feux de l'endroit où il est
tombé. » À ce moment précis, Sganarelle regrette ses
« gages ».

En fait, aussi souvent que Sganarelle, Don Juan, par sa
rudesse ou son insolence, transforme en scènes burlesques les
situations graves ou ennuyeuses qu'il doit affronter. Observons
son attitude avec Elvire, à l'acte I ; avec Don Carlos et Don
Alonse, à l'acte III ; avec Monsieur Dimanche puis avec Don

Louis, à l'acte IV ; Don Juan s'exprime et agit conformément aux bienséances, à la politesse de son rang, mais ses intentions sont grossières, cavalières ; elles sont empreintes d'insolence ou d'ironie : l'atmosphère est tendue mais les propos de Don Juan provoquent le rire ; il place ses interlocuteurs dans une situation ridicule. « Embrassez-moi donc, s'il vous plaît. Je vous prie encore une fois d'être persuadé que je suis tout à vous, et qu'il n'y a rien au monde que je ne fisse pour votre service », déclare Don Juan à son créancier, à l'acte IV, scène 3 ; et dans la scène suivante, il dira à son père qui lui reproche sa conduite libertine : « Monsieur, si vous étiez assis, vous en seriez mieux pour parler. »

D'une façon plus ou moins appuyée, le burlesque intervient tout au long de la pièce ; même l'acte II qui ressemble à une série de sketches issus de la farce (cf. p. 58), n'échappe pas à ce comique de décalage : référons-nous aux propos de Pierrot dans la scène 1 ; il raconte à Charlotte le sauvetage de Don Juan en train de se noyer comme s'il s'agissait d'une plaisanterie. Seules la seconde visite d'Elvire (acte IV, scène 6) et l'apparition d'un spectre (acte V, scène 5), gardent peut-être toute leur gravité.

L'évolution du spectacle Les mises en scène

LA CRÉATION DE MOLIÈRE EN 1665

Dom Juan est joué pour la première fois au théâtre du Palais-Royal le dimanche 15 février 1665 ; le public réagit avec enthousiasme devant les somptueux décors, et les truquages pour le dernier acte l'enchantent ; Molière, qui interprète le rôle de Sganarelle, perçoit néanmoins un certain remous dans la salle ; dès le lendemain, pour la seconde représentation, l'auteur a élagué quelques passages et supprimé entièrement la scène entre Don Juan et le Pauvre. Molière a-t-il agi par précaution ? A-t-il reçu un conseil ou un ordre ?

Pendant cinq semaines, la pièce est jouée quinze fois : elle remporte un énorme succès si l'on en juge par le chiffre important des recettes, mais la Cabale des dévots (voir p. 16) se sent une nouvelle fois mise en cause ; elle riposte avec vigueur : « Molière entendit toutes les langues que le Saint-Esprit anime déclamer dans les chaires et condamner publiquement ses nouveaux blasphèmes. »

Le vendredi 20 mars, l'avant-veille du dimanche de Pâques, jour de la Passion, les représentations sont suspendues en raison de la clôture de Pâques ; elles ne reprendront plus du vivant de Molière ; le roi aurait, paraît-il, demandé à l'auteur de suspendre les représentations de *Dom Juan* bien qu'il ne fût pas hostile à la pièce (il aurait fait remarquer aux opposants de Molière que « l'Impie » n'était pas récompensé). Bien que *Dom Juan* soit retiré de l'affiche du théâtre du Palais-Royal, les ennemis de Molière poursuivent leurs attaques. Le 18 avril, un libelle : *Observation sur une comédie de Molière intitulée « Le Festin de pierre »* est signé par le Sieur de Rochemont ; il accuse Molière d'avoir détruit progressivement la religion pour atteindre avec *Dom Juan* l'abîme de l'athéisme ; Rochemont fait allusion à *L'École des maris*[1] qu'il caractérise : « l'école fameuse d'impureté » ; il considère qu'ensuite Molière a rendu les dévots ridicules et hypocrites dans *Tartuffe* ; maintenant, dans *Dom Juan*, Sganarelle, « le croyant ridicule », expose la foi à la risée publique, et la foudre imaginaire du dénouement vise à braver en dernier ressort la justice du Ciel ; Rochemont considère Molière comme « homme et démon tout ensemble » et il fait appel à la justice du roi.

Un an plus tard, en 1666, un traité de la comédie signé par le prince de Conti (voir p. 14, notre paragraphe : « Quelques exemples de libertinage ») est publié ; à propos de *Dom Juan*, le prince de Conti déclare qu'après avoir fait dire les impiétés les plus horribles à un athée qui a beaucoup d'esprit, l'auteur confie la cause de Dieu à un valet, à qui il fait dire pour le soutenir toutes les impertinences du monde.

Quelques alliés de Molière ripostent ; ainsi nous trouvons, dans une gazette de l'époque, une allusion à ses défenseurs :

> Partisans du *Festin de pierre*
> Indignés de l'injuste guerre
> Qu'un atrabilaire docteur
> A faite à son célèbre auteur.

Mais la réaction la plus intéressante est certainement le soutien du roi. Nous apprenons, en effet, par le registre de Lagrange[2] que le 14 août :

> La troupe alla à Saint-Germain-en-Laye. Le Roi dit au Sieur Molière qu'il voulait que la troupe dorénavant lui appartînt et la demanda à Monsieur[3]. Sa Majesté donna en même temps six mille livres de pension à la troupe.

---

1. *L'École des Maris* est une comédie de Molière ayant été jugée immorale à l'époque.
2. Lagrange est un des comédiens de Molière. Il était responsable du registre de la troupe.
3. « Monsieur » désigne le frère de Louis XIV ; il était alors le mécène de la troupe de Molière.

■ LES REPRÉSENTATIONS DE 1677 À 1947

L'adaptation de Thomas Corneille en 1667. La reprise du texte de Molière en 1841

Pendant douze ans, la pièce de Molière ne sera jamais jouée. En 1677, *Dom Juan* est à l'affiche du théâtre de l'Hôtel de Gué-négaud à Paris : la comédie de Molière est interprétée par son ancienne troupe, mais le texte original a été adapté en vers par Thomas Corneille et une quarantaine de pages ont été revues et corrigées. Cette adaptation de *Dom Juan* sera jouée jusqu'à fin du XVIIe siècle.

Au XVIIIe siècle, le libertinage s'affirme dans les mœurs : les philosophes réfléchissent aux formes de vie qu'il propose. Le mythe de Don Juan inspire Mozart : son opéra remporte un grand succès et on oublie la comédie de Molière.

La révolte incarnée par le personnage de Don Juan intéresse les romantiques et plusieurs écrivains du XIXe siècle (Byron, Dumas, Barbey d'Aurevilly, Baudelaire...) intègrent Don Juan à leurs œuvres. On continue à applaudir l'opéra de Mozart mais il faudra attendre 1841 pour voir la pièce de Molière sur la scène de l'Odéon.

Pendant la première moitié du XXe siècle, « Dom Juan » de Molière est rarement joué

Les mises en scène s'intéressent exclusivement à la séduction et aux mœurs libertines de Don Juan sans tenir compte de la complexité de son athéisme ; elles accordent peu d'importance aux autres personnages. La pièce ainsi conçue est mal jugée par la critique et les spectateurs préfèrent *Tartuffe*.

■ LE TRIOMPHE DE « DOM JUAN » DEPUIS 1947

En 1947, Louis Jouvet conçoit un spectacle qui « pose le problème de la religion d'un bout à l'autre » selon ses termes ;

la foi naïve de Sganarelle prête à rire et maintient le ton comique de la pièce, mais l'athéisme amer et cruel de Don Juan et la béatitude d'Elvire à l'acte IV donnent de la gravité à la comédie de Molière. Louis Jouvet insiste sur l'aspect macabre et fantastique du dénouement avec une certaine liberté à l'égard de la pièce de Molière qui déplaît à la critique (voir le paragraphe suivant).

La position de Louis Jouvet annonce la tendance des metteurs en scène pendant la seconde partie du XXᵉ siècle : ils s'intéresseront de plus en plus fréquemment à *Dom Juan* avec un parti pris parfois discutable, mais la variété des interprétations prouve la richesse et en même temps la complexité de la pièce.

On constate actuellement que *Dom Juan* de Molière est la pièce de théâtre française ayant été le plus souvent mise en scène au cours des deux dernières décennies.

Nous évoquerons dans les paragraphes suivants quelques mises en scène dont le parti pris est particulièrement intéressant.

La mise en scène de Louis Jouvet en 1947

● Sa conception des décors et du dénouement

Avec l'aide de son assistant-décorateur, Christian Bérard, Louis Jouvet représente l'aspect fantastique de la pièce de façon macabre : la prédominance du noir et du blanc dans les costumes sobres et les décors stylisés, donne à la comédie une atmosphère grave, solennelle, seulement rompue par la poltronnerie ridicule de Sganarelle.

Le parti pris très lugubre du dénouement est jugé trop subjectif par certains critiques : après les dernières paroles de Don Juan entraînant sa mort, la scène se métamorphose en une crypte où apparaissent quatre squelettes encapuchonnés dans de longues pélerines de couleur crème ; au centre de la scène se trouve un tombeau, c'est un cercueil de marbre : son couvercle est soulevé par un cinquième squelette dont la silhouette est drapée de blanc ; Don Juan est étendu dans ce cercueil, ses vêtements sont encore intacts mais il a déjà une tête de squelette ; Sganarelle arrive alors avec une couronne de perles et il réclame ses gages en pleurant.

Cette conception du dénouement est-elle seulement un effet final pour achever la pièce sur une note macabre ? La métamorphose immédiate de Don Juan en squelette peut aussi rappeler les rapports complexes du libertin avec le Ciel et avec la mort. (Voyons son attitude étrange avec la statue du Commandeur représentant un homme qu'il a tué au cours d'un duel ; référons-nous au rythme anormalement accéléré des événements et des avertissements laissant pressentir la damnation de Don Juan.)

● Le personnage de Don Juan ; l'interprétation d'Elvire à l'acte IV scène 6

Louis Jouvet interprète lui-même un Don Juan cynique et désabusé à la recherche de Dieu ; il pense que le cynisme de Don Juan, son besoin de séduire dépendent uniquement de son athéisme et qu'ils n'existeraient pas sans son impiété.

Louis Jouvet observe également le caractère religieux de la pièce à travers le personnage d'Elvire ; dans l'ouvrage *Molière et la comédie classique* où sont rassemblées des notes prises pendant les cours de Louis Jouvet, lorsqu'il était professeur au conservatoire, celui-ci évoque : « la chasteté, la pureté, la béatitude » de l'amour d'Elvire pour Don Juan, et il apprécie particulièrement la qualité du texte de Molière dans l'acte IV scène 6.

Écoutons les conseils[1] de Louis Jouvet pour l'interprétation d'Elvire à l'acte IV scène 6 :

« Elvire entre, elle écarte les valets[2], elle va droit au cœur de la maison. Elle aperçoit Don Juan, elle s'avance pour lui parler. Il faut qu'on soit étonné par cette entrée si simple : il faut qu'on soit frappé par l'autorité et la facilité de son élocution. C'est le seul moment de la pièce où le texte "déferle" avec une sonorité, avec un ton presque racinien qu'on ne trouve dans aucun autre passage de Molière. » [...]

« Elvire dit : *"ne soyez pas surpris Don Juan de me voir à cette heure et dans cet équipage"* ; elle a les yeux baissés et s'exprime comme si elle était seule en scène car quand on a

---

1. Extraits de Louis Jouvet, *Moliere et la comédie classique*, Gallimard, 1965.
2. Les valets de Don Juan.

couru pour venir dire quelque chose de très important, on ferme parfois les volets de ses yeux pour rester seul avec ses pensées. » [...]

« À partir de : *"le Ciel a banni de mon âme toutes ces indignes ardeurs"*, les spectateurs voient le changement, ils éprouvent un bouleversement intérieur ; à partir de là, Elvire doit s'exprimer face au public. » [...]

« Il n'y a pas d'accentuation dans le texte, le débit doit être monotone et il est nécessaire de trouver le rythme : il y a des rythmes comme celui de cette scène qui sont étonnants : le rythme du cheval qui galope et qui allonge le galop sans changer de rythme ; dans ce texte, il y a un rythme qui s'allonge mais qui reste le même. Il faut dire cette scène de cette façon pour traduire son mouvement pathétique croissant. » [...]

« Les gestes d'Elvire sont inconscients, ils sont extatiques. Il y a dans le personnage une fixité intérieure qui entraîne un comportement hagard et extatique ; la scène est stupéfiante par l'état d'égarement, de somnambulisme dans lequel est cette femme. » [...]

« Ce qui est important et magnifique dans le personnage d'Elvire c'est qu'elle vient sauver un homme qui l'a subornée et abandonnée ; elle le fait avec une magnanimité, un détachement célestes mais en même temps avec un ardent amour, un amour pur. Elvire est à la fois un messager céleste et une femme qui vient sauver son amant. »

La mise en scène de Jean Vilar en 1943

● Sa conception de la pièce

Selon Jean Vilar, Don Juan abuse, certes, de son pouvoir lié à son rang d'aristocrate et à sa séduction ; son désir de possession et de domination est insatiable ; mais paradoxalement, Don Juan est un personnage libérateur : il représente l'Homme qui cherche à se libérer des idéologies, des habitudes, des contraintes établies par la société car elles assujettissent l'individu. Don Juan symbolise surtout le plus grand combat que l'Homme souhaite entreprendre : la lutte pour se libérer du pouvoir du Ciel et devenir maître de son destin, de sa mort. Selon Jean Vilar, pour prouver « ce combat entre le Ciel et la Terre [...]

il fallait que le Ciel ne fût pas vide, le Commandeur est là pour le prouver. »

● La mise en scène de l'acte V à partir de la fin de la scène 3

À la fin de la scène 3, Don Carlos sort, Sganarelle fait à Don Juan les reproches que l'on sait : « Monsieur, quel diable de style prenez-vous... » Don Juan, désinvolte, éclate alors de rire ; le spectre entre et s'avance derrière Don Juan et face à Sganarelle ; Don Juan devine alors la présence d'un nouveau venu dans les yeux de son valet ; Don Juan ne voit pas le spectre, mais il sort son épée et son geste illustre une forme de courage instinctif et spontané. Dans la scène 5, Don Juan se retourne pour attaquer le spectre avec son épée, mais il ne brasse que du vide car le spectre s'est déplacé pour sortir en passant derrière Sganarelle.

Sganarelle s'écrase alors, la face contre terre, tandis que Don Juan fait face à la statue du Commandeur pour aborder la scène 6 ; la statue s'adresse alors à Don Juan ; après avoir fiché en terre son épée, Don Juan met sa main nue dans celle du Commandeur ; la douleur le fait alors bondir, il fait quelques pas en titubant et en prononçant ses dernières paroles, puis il tombe mort, la face vers le Ciel. Le Commandeur disparaît puis c'est le silence. Sganarelle lève alors la tête peureusement, puis il se redresse très lentement, et s'approche à quatre pattes de Don Juan avec une lenteur qui exprime à la fois sa crainte et son hésitation ; lorsqu'il atteint Don Juan, il reste à quatre pattes, le regarde lamentablement ; puis il ébauche un geste pour le toucher et le transforme en un mouvement qui traduit une sorte de peur d'être « électrocuté ». Sganarelle s'enhardira enfin à poser sa main vers le cœur de Don Juan lorsqu'il prononcera « mes gages », son dernier mot à la fin de la pièce ; il le bafouillera une première fois, puis il le répétera en baissant le ton et le « criera » une troisième fois en s'adressant à la fois à son maître, à Dieu, au monde ; cri ignoble mais drôle, manifestation de ladrerie inattendue mais surtout véritable coup de théâtre qui donne à la pièce tout son éclat surnaturel — Sganarelle n'avait jamais fait allusion à ses gages auparavant. Sganarelle, le croyant, apparaît alors comme sacrilège, alors qu'en fait Don Juan a voyagé à la recherche de Dieu.

Le téléfilm de Marcel Bluwal en 1965

• Sa conception de la pièce

Marcel Bluwal met en scène l'histoire d'un homme suicidaire : Don Juan a choisi de mourir, et la pièce de Molière nous montre comment se passent les dernières heures de sa vie. Cette attitude ne correspond pas néanmoins à un acte désespéré ; le libertin a toujours pris des risques mortels : sous Louis XIV, certains actes de libertinage pouvaient entraîner la peine de mort et la Cabale des dévots (voir p. 16) surveillait et dénonçait les libertins. Don Juan a sans doute toujours défié le pouvoir et la répression par sa conduite non conformiste, car, pour le libertin, l'intelligence de l'homme et la puissance de l'individu ne peuvent être prouvées que par sa liberté de penser et d'agir : le suicide, ce choix de la mort, est la preuve ultime de cette puissance. Lorsque commence la comédie de Molière, Don Juan a décidé qu'il mourrait quelques heures plus tard : le film de Marcel Bluwal, du début jusqu'à la fin, représente le plus souvent Don Juan, en cavalier, chevauchant vers la mort.

• La mise en scène d'une chevauchée vers la mort

Don Juan interprété par Michel Piccoli est habillé de cuir noir et botté comme un cavalier.

Dès l'acte I scène 2, sa rencontre avec Elvire est filmée dans les très grandes écuries d'un haras à Chantilly.

Pendant une grande partie du film, on voit Don Juan se déplacer à cheval tandis que Sganarelle (Claude Brasseur) le suit sur un mulet. Le rythme, l'allure de cette chevauchée correspondent à une errance : Don Juan s'interroge avant de mourir sur le sens de la vie.

Les prises de vue correspondant à l'acte V de la pièce, montrent bien le suicide de Don Juan et sa montée vers la mort : Don Juan abandonne son cheval, puis son épée qui symbolise son pouvoir sur autrui ; ensuite, pour souligner sa volonté de se suicider, il gravit les quarante marches d'un édifice en haut duquel se trouve la statue du Commandeur mesurant quatre mètres.

L'errance de Don Juan et sa chevauchée vers la mort sont accompagnées tout au long du film par *la marche funèbre* et *le Requiem* de Mozart, les décors sont imposants, les prises de vue utilisent de vastes espaces : la plupart des scènes extérieures sont tournées dans des salines dont le site est immense, dans des lieux dont l'architecture est gigantesque ; le bord de la mer à l'acte II est une interminable bande de sable gris.

Pour les scènes se passant à l'intérieur, Marcel Bluwal a fait démeubler les salons d'un grand hôtel à Versailles : Don Juan et Sganarelle semblent minuscules lorsqu'ils sont devant de très grandes baies ou lorsqu'ils arpentent de longs couloirs ; ils ont toujours l'air d'être « de passage ».

Ces éléments donnent au texte de Molière un ton grave, solennel, inquiétant. Le caractère comique de la pièce est néanmoins maintenu par le jeu de Sganarelle et par certaines situations cocasses qui sont imposées à Don Juan lors de son parcours.

La mise en scène
de Patrice Chéreau en 1969

● Sa conception du spectacle

Selon Patrice Chéreau, la pièce de Molière, à sa création, a ébloui les spectateurs du XVIIe siècle par ses somptueux décors, ses effets fantastiques, ses truquages. L'homme du XXe siècle, habitué aux effets spéciaux de la technique cinématographique, est plus difficilement subjugué au théâtre par la machinerie ; Patrice Chéreau conçoit donc des décors ayant une valeur symbolique : Don Juan est à la fois menacé par les hommes (les frères d'Elvire, son père...) par le Ciel, et de façon sous-jacente, par Louis XIV et par la Cabale des Dévots puisqu'il est libertin. Don Juan voudrait être libre de vivre comme il l'entend, mais il est sans cesse dérangé, et les mésaventures qui perturbent ses projets s'enchaînent sans lui laisser le moindre répit ; pour concrétiser ces menaces multiples et ce harcèlement permanent ressemblant à une coalition, Patrice Chéreau imagine des échafaudages, des grues, des poulies aux fonctions diverses : elles permettent des apparitions, transforment les lieux, règlent la marche du temps, font gronder le tonnerre. Don Juan en fait n'est pas libre de ses pas : lorsqu'il veut se déplacer, les machines transforment la scène en plaque tournante et il a l'air de tourner en rond. À la fin de l'acte V, la statue du

Commandeur se dédouble en deux grands marionnettes de plâtre, mues par les poulies, pour venir tuer Don Juan à coups de poings et de pieds : la mort de Don Juan n'est pas une sanction unique ; ce n'est pas seulement une punition du Ciel, le libertin est exécuté également par le Pouvoir en place : par le Roi et par les Dévots.

La mise en scène de Patrice Chéreau est un des premiers spectacles soulignant la portée sociale et le sens politique de la pièce de Molière. Sganarelle n'est pas exclusivement le faire-valoir du libertin, il représente aussi l'homme du peuple qui n'a pas appris à s'exprimer alors que l'aristocrate Don Juan connaît la force et le pouvoir des mots ; Don Louis et les frères d'Elvire symbolisent une partie de la noblesse amoindrie après l'échec de la Fronde (pendant la minorité de Louis XIV, la Fronde désigne la révolte de certains parlementaires et de certains princes contre la monarchie absolue, et le pouvoir très important de l'État mis en place par Richelieu ; leur action n'a pas abouti).

● Le jeu de Sganarelle

Sganarelle est interprété par Marcel Maréchal : c'est un acteur assez gros ressemblant un peu à Coluche. Il utilisera les ressources comiques de son poids chaque fois qu'un gag sera suggéré par le texte de Molière. À l'acte I scène 1, Sganarelle fume un énorme cigare pour vanter les voluptés du tabac, puis il monte sur une malle pour faire l'important et son évocation de la conduite horrible de Don Juan est tellement effroyable que Gusman tombe de peur. Cette première scène est le seul moment de la pièce où Sganarelle a l'impression de savoir s'exprimer : il est ébloui par sa propre faconde et prend conscience du pouvoir du langage. Par la suite, Sganarelle aura toujours l'air d'un gros clown : ses gestes font rire et il est incapable de trouver le mot juste pour exprimer sa pensée avec clarté. À l'acte III scène 1, Sganarelle est déguisé en médecin, mais il a l'allure d'un charlatan ridicule avec un haut de forme posé de travers comme un béret, et un manteau trop long lui tombant sur les talons : puis, toujours dans cette scène, lorsqu'il danse pour prouver la logique de son raisonnement, il a tout l'air d'un gros pataud. Enfin, à l'acte IV, scènes 7 et 8, il ressemble à un Charlot en crise de boulimie tant il se gave pour contenir son appréhension, puis sa terreur lorsque la statue du Commandeur arrive pour souper.

- **La valeur symbolique des objets**

Les accessoires utilisés par Patrice Chéreau ont des fonctions multiples et symboliques. Voyons les différentes utilisations d'une charrette qui restera sur la scène pendant toute la pièce.

Cette charrette illustre essentiellement le thème du voyage, de la fuite à laquelle est contraint Don Juan. Dès l'acte I, elle est posée dans un coin, devant une ferme délabrée où Don Juan a sans doute passé la nuit ; à l'acte III, cette charrette sera chargée de malles et de sacs.

À l'acte II, c'est avec sa charrette que Don Juan essaye d'enlever Charlotte ; il y place la jeune fille comme si elle était un bagage, et il lui fait faire ainsi le tour de la scène ; la charrette est alors le symbole de la propriété.

À l'acte III scène 2, la charrette représente la cruauté de Don Juan ; elle sert à torturer le Pauvre. L'ermite est placé de force sur cette charrette à bras, puis il est basculé d'avant en arrière par une manipulation de Sganarelle qui est ici le partenaire de jeu de Don Juan : Don Juan jette par terre le louis d'or, Sganarelle baisse alors la charrette, et il la relève brutalement au moment où le pauvre va saisir la pièce.

La mise en scène d'Antoine Vitez en 1979

- **Sa conception du spectacle**

Au XVIIe siècle, les nobles aimaient les vêtements fastueux, et ils s'exprimaient dans un langage précieux ; cette attitude correspondait à un goût prononcé pour la théâtralité ; ces aristocrates se comportaient en société comme des comédiens interprétant un rôle. Antoine Vitez conçoit Don Juan comme un personnage changeant de comportement selon le spectacle qu'il a décidé de jouer devant les autres ; telle est sa conception de « l'hypocrisie », l'un des thèmes importants de la pièce (voir p. 52). Don Juan porte un loup qui masque son regard ; en fait, son numéro d'acteur variera selon les circonstances, mais sa psychologie restera la même ; pour Antoine Vitez, Don Juan est narcissique ; il s'est épris de lui-même, parce qu'il aime l'authenticité, la pureté de vie intérieure, alors que la vie sociale est une comédie à laquelle il se prête par cruauté ou par dérision.

- **Mise en scène de l'acte III, scènes 2 et 3 :**

Le Pauvre entre en scène le buste nu, une bande de tissu blanc, semblable au vêtement du Christ sur la croix, est nouée autour de ses hanches ; il avance péniblement en s'appuyant sur un bâton. Sganarelle demande au Pauvre de lui indiquer le chemin ; le Pauvre ébauche un geste circulaire, puis il pointe le ciel, et se met ensuite à genoux devant Don Juan pour dire : *Si vous vouliez, Monsieur, me secourir de quelque aumône.* Il sanglote en dévorant son poing pour montrer à quel point il a faim. Don Juan fait alors semblant de consoler le Pauvre en lui caressant la tête, puis pose un louis d'or au milieu de la scène et l'offre au Pauvre à condition que celui-ci consente à blasphémer. Un jeu cruel commence alors, le Pauvre s'approche du louis d'or puis recule, et ce mouvement de va-et-vient continuera jusqu'à la fin de la scène. Lorsque Don Juan prononce : *pour l'amour de l'humanité,* on entend le tonnerre ; Don Juan enfonce alors le louis d'or dans la bouche du Pauvre qui pousse un cri de terreur en même temps que Sganarelle. Don Juan se précipite vers les coulisses en disant : *mais que vois-je là ? un homme attaqué par trois autres ? La partie est trop inégale, et je ne dois pas souffrir de lâcheté,* tandis que le Pauvre s'enfuit en oubliant son bâton. Sganarelle veut fuir également mais il revient, ramasse le bâton, le lève comme s'il menaçait quelqu'un, et finalement l'utilise comme monture en mimant une cavalcade.

Antoine Vitez associe ainsi la farce à la violence ; il utilise également toutes les ressources du texte au service du spectacle en considérant que l'objectif de Molière est le jeu : « la comédie ».

La mise en scène
de Beno Besson en 1987

- **Sa conception de la pièce**

Beno Besson cherche à recréer l'atmosphère de la pièce de Molière lors de sa création : la salle où se trouve le public est décorée latéralement de panneaux représentant des loges occupées par des spectateurs en costume du XVIIe siècle ; son spectacle est à la fois baroque et burlesque.

Le parti pris baroque de la mise en scène est souligné par la métamorphose à vue des décors : sans baisser le rideau, par

le truquage de la machinerie, le jardin du premier acte se transforme, pour l'acte II, en un paysage de bord de mer avec du
sable et des rochers ; devant les spectateurs, ce rivage devien-
dra ensuite une forêt, puis un mausolée qui se transformera à
son tour en une somptueuse salle à manger, avec des tentures
de velours rouge représentant la demeure de Don Juan ; cette
pièce se métamorphosera pour le dénouement en un vaste
espace avec des statues à perte de vue. Ces décors magni-
fiques sont le cadre d'un spectacle essentiellement comique.

● Les éléments comiques du spectacle

Beno Besson souligne le comique de situation de la pièce
en accentuant le contraste entre les personnages. Par exemple,
l'acteur interprétant Sganarelle a une silhouette voûtée qui rappelle la physionomie du valet Briguel dans *Dom Juan* de la
Commedia dell 'arte (voyez p. 6) ; il ressemble également à
Molière jouant le rôle de Sganarelle dans sa pièce, tel qu'on le
voit sur certaines gravures d'époque. Lorsqu'il se déplace, Sganarelle a toujours l'air de raser les murs. À l'opposé, Don Juan
est un personnage très raide ; lorsqu'il apparaît à l'acte I, bien
qu'il se tienne très droit, il ressemble à une vieille poupée : son
visage est écrasé par une énorme perruque et son corps est
engoncé dans les rubans et les falbalas ; ce costume est la
caricature de l'habit de certains nobles du XVIIᵉ siècle, et son
aspect ridicule renforce encore le contraste entre le maître et
son valet. (L'allure caricaturale de Don Juan disparaîtra néanmoins par la suite lorsqu'il sera dans sa demeure en vêtement
d'intérieur.) L'opposition entre Don Juan et Sganarelle est également soulignée par la diction : Don Juan s'exprime avec un
rythme rapide très saccadé, sa voix à un timbre métallique, le
ton de Sganarelle est mielleux, douceâtre.

Le comique de contraste entre les personnages est particulièrement souligné à l'acte IV scène 8, lors du souper avec le
Commandeur : le comédien déguisé en statue a une silhouette
massive, imposante, agrandie par des cothurnes, il s'avance
avec raideur comme un automate, tandis que les laquais
chargés de mettre le couvert sont particulièrement sveltes et
gracieux ; Don Juan est déjà attablé, et Sganarelle terrorisé, a
la tête à tel point rentrée dans les épaules qu'on croirait qu'il
n'a plus de cou.

Au dénouement, Don Juan, avant de mourir, retrouve la raideur physique et la diction mécanique qu'il avait au début de la pièce et cette allure de marionnette enlève tout accent pathétique à sa réplique : *...un feu invisible me brûle...* Don Juan et le Commandeur sont placés côte à côte ; ils sont au milieu de la scène face au public, et le Commandeur tient Don Juan par la main : l'un apparaît comme une grande statue et l'autre ressemble à une petite statue ; une trappe s'ouvre alors sous les deux personnages et ils disparaissent lentement comme s'ils prenaient un ascenseur pour descendre sous terre. De grandes flammes s'échappent alors de l'endroit où ils se sont enfoncés, comme un feu d'artifice final.

BIBLIOGRAPHIE

Ouvrages sur le XVIIᵉ siècle

— Antoine Adam, *Histoire de la littérature française au XVIIᵉ siècle* (Domat, 1948). Ouvrage de références très intéressant. Une grande partie du tome 3 est consacrée à l'œuvre de Molière.

— Paul Bénichou, *Morales du Grand Siècle* (Gallimard, coll. « Bibliothèque des idées », N.R.F., 1948). Étude des rapports entre les conditions sociales et les doctrines morales au XVIIᵉ siècle. Paul Bénichou souligne la complexité de certaines situations ; il nous invite à réfléchir aux conflits d'ordres politique, moral, religieux qui marquent le Grand Siècle. Un chapitre est consacré à Molière et quelques pages (pp. 280-285) à *Dom Juan*.

— Claude Dulong, *L'Amour au XVIIᵉ siècle* (Hachette, 1969). Claude Dulong nous renseigne sur la sensibilité et les mœurs amoureuses au XVIIᵉ siècle. Citons quelques-uns de ses chapitres : « Amour et civilisation », « Du mariage », « Libertins et débauchés », « Le diable et l'amour », « Dieu et l'amour ».

● Documents historiques

— Henri Brémont, *Histoire littéraire du sentiment religieux en France depuis la fin des guerres de religion* (Armand Colin, 1967) : le tome IX traite du mariage au XVIIᵉ siècle.

— Robert Mandrou, *Introduction à la France moderne* (Albin Michel, 1974). Certains chapitres sont consacrés à l'étude des mœurs et de la société au XVIIᵉ siècle.

Ouvrages sur Molière

— Jacques Guicharnaud, *Molière, une aventure théâtrale* (Gallimard, « Bibliothèque des idées », N.R.F., 1963). Analyse profonde et détaillée de la trilogie : *Tartuffe, Dom Juan, Le Misanthrope*. Jacques Guicharnaud étudie surtout l'aspect dramatique de ces trois grandes comédies ; il nous demande d'apprécier le génie de Molière « homme de théâtre » à travers ces trois œuvres.

— René Jasinski, *Molière* (« Connaissance des lettres », Hatier, 1969). Cet ouvrage nous présente les caractéristiques essentielles des œuvres de Molière, en tenant compte de leur situation chronologique et de l'évolution de la vie de l'auteur.

— Alfred Simon, *Molière par lui-même* (« Écrivains de toujours », Le Seuil, 1957). Le chapitre consacré à Don Juan, p. 103, s'intitule : « Le provocateur ».

— Léon Thorens, *Le Dossier Molière* (« Marabout Université », Éditions Gérard, Verviers, 1964). Le résultat d'une enquête minutieuse sur la vie de Molière et les circonstances qui entourent son œuvre. Léon Thorens souligne l'étonnante actualité des œuvres de Molière dans le contexte de notre époque. Ouvrage très riche par le fond, très original et vivant par son expression et sa structure. (Léon Thorens a demandé à divers auteurs et metteurs en scène contemporains de collaborer à son ouvrage.) Citons le chapitre : « Un critique dialogue avec Don Juan », par Jean-Louis Bory, p. 275.

— Mikhaïl Boulgakov, *Le Roman de Monsieur Molière* (Gallimard, coll. « Folio », 1973). Ouvrage très accessible qui raconte la vie de Molière et se lit comme un roman passionnant.

— Georges Bégou, *Le Prince et le comédien* (Lattès, 1986). Ouvrage facile à lire qui évoque de façon romancée l'itinéraire de la troupe de Molière à travers la France et la rencontre de Molière avec le Prince de Conti, un grand seigneur libertin qui inspira partiellement le personnage de Don Juan.

— Louis Jouvet, *Molière et la comédie classique* (Gallimard, coll. « Pratique du théâtre », 1965). Extraits des cours de Louis Jouvet lorsqu'il était professeur au Conservatoire de Paris. On lira avec intérêt une répétition très détaillée du rôle d'Elvire dans Don Juan : acte IV scène 6.

— Michel Corvin, *Molière et ses metteurs en scène d'aujourd'hui* (Presses universitaires de Lyon, 1985). Les différentes mises en scène de Don Juan par Chéreau, Vitez, Planchon sont évoquées de façon détaillée et illustrée. Ouvrage très intéressant.

Ouvrages et films sur « Dom Juan »

— Gendarme de Bévotte, *La Légende de Dom Juan* (Hachette, Paris, 1906 et 1911).

— Michel Berveiler, *Éternel Dom Juan* (Hachette, 1961).

— Micheline Sauvage, *Le Cas Dom Juan* (Éditions du Seuil, Paris, 1953).

— Gregorio Maranon, *Don Juan et le donjuanisme* (Gallimard, « Bibliothèque des idées », N.R.F., 1958). Cet ouvrage recherche les origines du mythe, pour aboutir à une étude psychanalytique du personnage aidant à concevoir la sexualité et l'amour à notre époque.

— Axel Preiss, *Le Mythe de Don Juan* (Bordas, 1985). Axel Preiss étudie de façon thématique le parcours historique et l'exploitation dramatique du personnage.

— *Dom Juan*, Molière, (Hatier, Coll. « Théâtre et mises en scène », 1985). Le texte intégral de la pièce ; un document sur les libertins au XVIIe siècle ; un éclairage des mises en scène récentes.

— *Dom Juan* de Molière, téléfilm de Marcel Bluwal, 1965 (cf. la collection « Voir et savoir » de l'INA, réservée exclusivement aux collectivités).

— *Elvire Jouvet 40* par Brigitte Jacques (Beba, 1986) cet ouvrage présente le texte illustré du spectacle conçu et mis en scène par Brigitte Jacques à partir des sept leçons de Louis Jouvet à son élève Claudia pour interpréter le rôle d'Elvire dans Dom Juan, acte IV scène 6.

Un film a été réalisé par Benoît Jacquot à partir du spectacle de Brigitte Jacques, (cf. la collection « Voir et savoir » de l'INA, réservée exclusivement aux collectivités).

INDEX DES THÈMES ET NOTIONS

(Les chiffres renvoient aux pages du Profil)

LE THÉÂTRE DANS PROFIL

Aubin Imprimeur
LIGUGÉ, POITIERS

Achevé d'imprimer en janvier 1994
N° d'édition 13777
N° d'impression L 44454
Dépôt légal janvier 1994
Imprimé en France